Иван

# Общественно-политическая мысль Канады и становление национального самосознания

**(последняя треть XIX – начало XX вв.).**

ALTASPERA

В тексте сохранены авторские орфография и пунктуация

ISBN 978-1-105-76379-3
Published in Canada by Altaspera Publishing & Literary Agency Inc.

За полтора столетия, прошедшие после создания канадской федерации, “страна кленового листа” проделала путь от самоуправляющейся колонии в составе Британской империи до одного из наиболее развитых государств мирового сообщества. Своеобразие канадского исторического опыта является плодотворной почвой для научных исследований. Неослабевающий интерес учёных к проблемам возникновения наций и национализма открывает широкие перспективы в области исследования канадской модели становления национального самосознания. Изучение данной проблемы будет способствовать выявлению механизмов формирования массового сознания, пониманию закономерностей эволюции политической системы Канады. Данное исследование представляет собой первую в русскоязычной историографии работу, непосредственно посвящённую изучению темы становления канадской нации в последней трети XIX – начала XX вв.

Автор выражает благодарность за помощь в подготовке и написании книги своему наставнику доктору исторических наук Владимиру Викторовичу Грудзинскому, чьи профессиональные советы помогли данному исследованию состояться как подлинно научному; доктору ист. наук В.В. Согрину, кандидатам ист. наук Л.В. Никитину и А.Г. Иванову за то, что прочитали рукопись и высказали ряд ценных замечаний и рекомендаций; супруге Полине за столь необходимую эмоциональную поддержку во время всего исследования, а также друзьям и коллегам по историческому факультету Челябинского государственного университета, неизменно укреплявшим веру автора в себя и задуманное научное предприятие.

# ОГЛАВЛЕНИЕ

# ВВЕДЕНИЕ

“Время покажет, что образование канадской федерации в 1867 г. может по праву считаться одним из важнейших событий в истории современного мира”, – с оптимизмом писал в начале XX в. Джордж М. Уоронг – один из авторов многотомного труда по истории Канады[1]. Действительно, за полтора столетия, прошедшие с момента подписания Акта о Британской Северной Америке, “страна кленового листа” проделала путь от самоуправляющейся колонии в составе Британской империи до одного из наиболее развитых в экономическом и социальном отношении государств мирового сообщества.

Своеобразие канадского исторического опыта является плодотворной почвой для научных исследований. Одна из его ключевых особенностей заключается в том, что североамериканские колонии Британской империи были объединены в доминион Канада в годы “триумфа либерализма” – время, когда во многих государствах Европы и Америки проходила глубинная трансформация политической системы[2]. Создание федерации способствовало воплощению на практике многих популярных на тот момент идейно-политических теорий, причём в их наиболее “чистом” виде. Среди них особое место занимала концепция национального государства.

Национализм может быть по праву назван одной из самых влиятельных идеологий Нового времени. Будучи неразрывно связан с процессами трансформации общественных отношений своей эпохи, он неизбежно становился своеобразным слепком их общественно-политической жизни.

Национальная проблематика на современном этапе развития науки всё чаще привлекает к себе внимание научных кругов. Главная причина неослабевающего интереса к ней заключается в том, что вопросы нации, национализма и национального самоопределения продолжают оказывать большое влияние как на глобальную политику, так и на частную жизнь многих людей по всему Земному шару. В связи с этим некоторые исследователи считают возможным говорить даже о возникновении особой области гуманитарного знания, условно называя её “национализмоведение”[3].

Подавляющее большинство учёных, чья деятельность связана с изучением феноменов нации и национализма, сходится во мнении о невозможности понять механизм их формирования и существования без обращения к исторической эпохе, порождением которой они стали. Поэтому исследование проблем возникновения и подъёма национального самосознания в странах Европы и Америки во второй половине XIX – начале XX вв. – периода, когда национализм, пожалуй, впервые проявил себя в качестве столь мощной политической силы, сохраняет высокую актуальность[4].

Учитывая вышесказанное, широкие перспективы открывает обращение к канадскому опыту национальной самоидентификации. С одной стороны, это позволит раскрыть механизмы формирования массового самосознания и закономерности эволюции политической системы североамериканской федерации. С другой стороны, изучение канадского национализма в процессе становления станет важным дополнением к общему корпусу исследований в рамках политической теории либерального национализма. И, наконец, исследование канадской модели идейного самоопределения позволит установить некоторые общие закономерности развития национальной идентичности как в автономных колониях Великобритании, так и в других странах Европы и Америки второй половины XIX – начала XX вв.

Хронологические рамки работы охватывают последнюю треть XIX – начало XX вв. Нижняя граница обусловлена образованием в 1867 г. федеративного государства – доминиона Канада, что повлекло за собой коренное изменение всей общественно-политической жизни вошедших в его состав провинций. Бывшие автономии Британской империи оказались перед необходимостью найти новую, наилучшим образом отвечающую интересам единого государства, модель взаимодействия как друг с другом, так и с метрополией. Верхняя грань работы – начало Первой мировой войны, завершившей "долгий" XIX в. и одновременно открывшей новую эпоху в мировой истории. Участие Канады в глобальном конфликте наложило глубокий отпечаток на развитие страны, став очередной вехой в эволюции национального самосознания. За полвека, минувшие с момента образования федерации, общественно-политическая мысль Канады прошла несколько этапов развития. Первый из них – конец 1860-х – середина 1880-х – характеризовался её консолидацией и первоначальным осмыслением стоящих перед страной задач, зарождением идеологии канадского национализма. Во второй половине 1880-х годов резкий рост популярности идей имперского единства, совпавший с последствиями тяжёлой экономической депрессии, вызвал следующий этап, который длился вплоть до второй половины 1890-х годов. Начавшаяся в 1896 г. "Эра Лорье" – период длительного пребывания у власти либеральной партии – стала временем масштабных перемен для всей Канады, что нашло отражение и в развитии национального самосознания.

Заявленная тема требует особой исследовательской методологии. Как в отечественной, так и в зарубежной историографии наиболее общепринятым подходом в рамках национальных исследований является социальный конструктивизм. Данная теория, впервые введенная в научный оборот американскими социологами П. Бергером и Т. Лукманом, способствует преодолению укоренившейся историографической традиции рассматривать национальное самосознание в качестве некоего «чувства», якобы присущего людям от природы, генетически[1]. В рамках

[1] Подобный взгляд на феномен национального самосознания получил название эссенциализма. При всём многообразии эссенциалистских подходов их объединяет общая исследовательская установка рассматривать нацию в качестве объективной, квазиприродной (связываемой с понятиями "кровь" и "родство"), субстанциальной ментальной характеристики достаточно крупных групп людей, которая

национальной проблематики она позволяет изучать подобные явления общественно-политической жизни не как априорные данности сознания, а как результат человеческой практики[5]. Согласно концепции социального конструктивизма, нация является идейным конструктом: разновидностью "знания", которое, в ходе общественных отношений, наделяется свойством объективности, поскольку имеет интерсубъективный характер, институционализируясь в качестве ценностей или мировоззрения[6]. Субъектами социального конструирования – так называемыми агентами социального действия[7], внедрявшими идею нации в массовое сознание – в данном случае выступают представители общественно-политической элиты страны (государственные деятели, писатели, журналисты, публицисты, люди искусства). Инструментом объективации является национализм – политическая идеология, в которой "нация", понимаемая в качестве культурно гомогенного сообщества, играет роль источника суверенитета, преимущественного объекта лояльности и предельного основания легитимности власти[8]. Анализ процесса конструирования субъективной по происхождению, но объективной по восприятию национальной идеологемы даёт возможность достигнуть поставленной цели исследования: выявить особенности взаимосвязи процесса становления национального самосознания с развитием общественно-политической мысли Канады в последней трети XIX – начале XX вв.

---

сформировалась как наиболее полное развитие их этнических особенностей (для европейских наций эпохой появления обычно называется средневековье). Соответственно процесс формирования национального самосознания понимается ими как "пробуждение" у людей национального "чувства" и особенностей характера, существовавших "от века". Предполагается, что некоторое время они могли существовать имплицитно и никак не проявляться. На современном этапе развития науки эссенциалистский подход подвергается серьёзной критике учёными кругами в силу невозможности доказать существование наций до того, как оно стало проявляться в практике общественных отношений.

*Степень изученности проблемы.*

Первое знакомство российской общественности с Канадой относится к середине XVIII в., когда в 1750 г. на страницах журнала “Санкт-Петербургские ведомости” появилась статья М.В. Ломоносова, посвящённая англо-французскому колониальному соперничеству в Северной Америке[9].

В дальнейшем Канада не раз привлекала внимание российских писателей и публицистов. На протяжении всего XIX в. характерной чертой повествований о ней было весьма романтизированное восприятие отечественными авторами Британской Северной Америки как идеальной крестьянской страны, не знавшей ни нужды, ни потрясений в силу своего размеренного и упорядоченного образа жизни, полностью противоположного “анархическому и торгашескому духу, господствовавшему в соседних США”. Для представителей консервативного направления российской общественно-политической мысли Канада на долгое время стала тем образцом, в соответствии с которым они стремились наметить план дальнейшего развития Сибири, а при возможности и всей России[10].

В научных кругах интерес к североамериканским владениям английской короны впервые возник в конце XIX века. Стремительный рост политического и экономического веса Канады в Британской империи и заметное повышение её удельного веса в мировом хозяйстве совокупно с успешно функционирующими политическими институтами делали её привлекательным объектом исследования. Успехи сельского хозяйства доминиона даже побудили российское правительство командировать в Британскую Северную Америку представителя земельного департамента Н.А. Крюкова, благодаря которому был подготовлен обстоятельный отчёт о состоянии аграрного сектора канадской экономики[11]. Успешное решение Канадой задач социально-экономических и политических преобразований аналогичных тем, которые стояли перед Россией в начале XX в., порождали в либерально-демократических кругах мысль о возможности заимствования опыта этой страны.

Первенство в изучении истории Канады принадлежит петербургскому исследователю П. Н. Мижуеву. Его работы стали отправной точкой на пути “открытия” российской общественностью североамериканского доминиона Британской империи[12]. И хотя они страдали определённой идеализацией канадской действительности, а также выраженным популяризаторством, хороший писательский слог и тщательно подобранный фактический материал позволяли им долгое время сохранять не только историографическую ценность.

Особое внимание изучению Канады уделял профессор Гельсинфорского университета С.А. Корф. Именно благодаря его работе по конституционному праву автономных колоний Британской империи российский читатель впервые получил возможность в подробностях узнать о структуре и механизме функционирования политической системы североамериканской федерации[13].

После революции 1917 г. отечественная историография надолго отошла от изучения канадской тематики. Задачи советского государства 1920 – 1950-х гг. требовали от исследователей концентрации внимания на истории преимущественно великих держав. Внимание исследователей-американистов надолго было обращено к могущественному соседу Канады – США, по сравнению с которым все остальные страны американского континента казались малозначительными. Кроме того, сам характер канадского исторического развития, носивший, по сути, эволюционный характер, в определённой мере лишал эту страну привлекательности в качестве объекта изучения, создавая ей образ тихой провинции на фоне бурлящей событиями соседней республики.

По окончании Второй мировой войны положение Канады в мире заметно укрепилось. Её активное участие в НАТО и очевидное усиление международных позиций пробудило интерес советских историков к теперь уже бывшему доминиону Британской империи. В 1958 г. был опубликован труд А.Г. Милейковского “Канада и англо-американские противоречия”, в котором анализировалось её положение в качестве составной части так называемого североатлантического треугольника[14]. Отмечая богатую источниковую и историографическую базу данной работы, нельзя не обратить внимание на её ограниченность исключительно экономической сферой канадской истории. Кроме того, в этой книге Канада зачастую выступает лишь в роли объекта применения политики великих держав, а факторы её внутреннего развития нередко остаются без внимания, что негативно отражается на общей информативности исследования. И хотя основное внимание автор уделил именно англо-американским противоречиям, а не собственно Канаде, это была первая обстоятельная научная монография по истории североамериканской федерации в нашей стране.

В 1970 – 1980-е гг. ситуация в отечественной исторической науке стала меняться: расширялась проблематика трудов, идеологические штампы постепенно уступали место более глубокому анализу. Причинами тому стали “разрядка” в международных отношениях 1970-х гг. и особенно начавшееся во второй половине 1980-х гг. общее изменение духовного климата в СССР. Роль Канады в мировой политике и экономике ещё больше возросла. К последней четверти XX в. она прочно заняла место среди наиболее развитых стран западного мира. И хотя Канада для широкого круга наших соотечественников по-прежнему оставалась в тени США и Европы, историческая наука проявляла к ней возростающий интерес. В 1976 г. под редакцией Л.В. Поздеевой был выпущен очерк по истории Канады в межвоенный период[15]. В начале 1980-х гг. появляются обзорные труды, посвящённые истории Канады в целом[16]. Резкое расширение тематики и увеличение количества исследований, во многом, обязанные усилиям В.А. Коленеко, В.А. Тишкова, Л.В. Кошелева, О.С. Сороко-Цюпы, С.Ю. Данилова, А.И. Черкасова создали в нашей стране историографическую основу для изучения Канады. Особое внимание исследователи уделяли Квебеку, рассматривая его историю с позиции традиционной для советской историографии идеи национальной и классовой борьбы[17].

В 90-е гг. XX в. исследование канадской проблематики продолжалось. Смена научных парадигм привела к формированию нового представления об историческом процессе. На место господствующего взгляда на развитие Канады через призму классовых противоречий и экономического детерминизма пришло понимание многогранности исторического опыта этой страны. В числе первых указанные тенденции нашли своё отражение в работах челябинского историка В.Е. Кукушкина. В 1994 г. им была защищена кандидатская диссертация, посвящённая трансформации статуса доминиона в Британской империи[18]. Ему же принадлежат несколько содержательных статей, которые существенно углубили понимание характера и направленности эволюции общественно-политических идей в Канаде в конце XIX – начале XX вв. [19]. В 1996 и 1999 гг. под редакцией В.А. Коленеко было издано два сборника научных трудов в форме историко-культурологического альманаха, что стало свидетельством незатухающего интереса российских учёных к этой стране[20]. Тенденция к расширению многообразия исследуемых проблем нашла яркое выражение в монографии Г.И. Лузянина, посвящённой изучению российско-канадских отношений в 1893-1927 гг.[21]

Начало XXI в. отмечено дальнейшим подъёмом интереса к канадскому прошлому. За последние десять лет в свет вышел ряд монографий[22] и сборников статей[23], посвящённых различным вопросам истории Канады, был защищён целый блок кандидатских и докторских диссертаций[24]. Их авторы внесли свой вклад как в более глубокое изучение ранее поднимавшихся тем, касающихся истории Квебека, социальных и международных отношений, так и поставили на повестку дня совершенно новые проблемы, связанные с политической, интеллектуальной и культурной историей страны.

Таким образом, отечественная историография не только расширила проблематику своих исследований, но и вышла на новый уровень обобщений. Вместе с тем изучение проблемы развития национального самосознания в российской исторической науке, фактически, только начинается.

За пределами России обозначенная проблематика долгое время являлась достоянием почти исключительно публицистической литературы. Представители научных кругов на протяжении первой половины XX вв. редко предпринимали попытки осмысления вопросов нации и национализма в силу их тесной связи с политической конъюнктурой, что противоречило образу “чистой”, свободной от внешних влияний науки. Для тех немногих авторов, которые всё же уделяли внимание данной тематике, было свойственно стремление рассматривать идеологию национализма прежде всего с позиции либеральных ценностей, в то время как теоретико-методологическое основание их трудов оставалось весьма слабым, характеризуясь выраженным эклектизмом[225].

Свидетельством тому явилось почти полное отсутствие в канадской историографии первой половины XX в. исследований, в которых бы в той или иной степени затрагивались вопросы развития национального самосознания. Термины “нация” и “национальность”, довольно часто встречавшиеся в трудах историков, использовались, по существу, лишь в юридическом смысле как синонимы для обозначения суверенного государства, гражданства или подданства. Основное внимание учёных было сконцентрировано на проблемах развития

---

[2] Например, американский исследователь К. Хайес вёл речь о “дуальной природе” национализма как воплощения добра или зла, разделял национализм – “факт” и национализм – “веру”, и классифицировал шесть его видов, к одному из которых – интегральному – отнёс таких малосопоставимых личностей как Р. Киплинг, К. Победоносцев и А. Гитлер. Показательны встречающиеся в литературе противопоставления типов национализма: гуманный - негуманный, рациональный - иррациональный, “западный” - “восточный”, которые можно назвать, скорее отголоском идейного противостояния либерально-демократических и авторитарных политических режимов Европы и Америки в первой половине XX в., нежели теоретическим подспорьем для дальнейших исследований (Коротеева В.В. Ук. Соч. С. 21-27).

конституционно-правового статуса доминиона и истории формирования его политических институтов, что в немалой степени объяснялось конъюнктурой тех дней, прежде всего, трансформацией Британской империи в Содружество наций. В трудах по политической истории Канады, затрагивавших сюжеты идейного противоборства парламентских партий и социальных групп вплоть до конца 1940-х гг. идеология национализма как объект изучения отсутствовала[26].

В этом отношении особняком стоит работа “Развитие канадского национального чувства” главного редактора журнала “Кэнэйдиан хисторикал ревью” С. Уолласа. В ней впервые была обоснована необходимость разделять юридическое и идейно-политическое значение терминов нация и национализм, а также постулирована задача изучить национализм в качестве самостоятельного явления канадской истории[27]. К главному объекту исследования – “национальному чувству” – учёный подошёл с чисто позитивистской точки зрения, понимая его как объективный факт политической жизни, поступательно формировавшийся под воздействием ряда выдающихся исторических событий, таких как англо-американская война 1812-1814 гг. или восстание 1837 г.[28] Характерная черта исследования Уолласа заключается в том, что общественно-политической мысли Канады была отведена роль своеобразного зеркала, посредством которого “национальное чувство” получало непрерывное выражение. В рамках традиционной методологии развитие национального самосознания было представлено бессубъектным процессом, что и обусловило главный недостаток работы. Несмотря на большое место, выделенное автором взглядам и теориям националистов, остались неразрешёнными вопросы о природе происхождения и движущих силах эволюции канадского “национального чувства”, факторах влияния и специфике его развития. Тем не менее, работа С. Уолласа может быть названа знаковой, поскольку именно ей принадлежит первенство в изучении национализма в качестве самостоятельной научной проблемы.

В 1950 – начале 1960-х гг. тема развития канадской общественно-политической мысли стала привлекать внимание учёных значительно больше, чем прежде. Тому было несколько причин. Во-первых, в условиях определённого переизбытка трудов, посвящённых государственно-конституционной тематике, с точки зрения научной новизны казалось весьма перспективным начать работу в таких “широчайших, но малоизученных областях знания” как интеллектуальная и культурная история[29]. Во-вторых, целый ряд проблем канадской государственности, таких как стремительный рост сепаратизма в Квебеке, усиление центробежных тенденций в западных регионах федерации, всё усиливающееся влияние капитала США в экономике страны, требовал от учёных найти истоки их возникновения, что ставило на повестку дня задачу всестороннего анализа канадского исторического опыта, в том числе и сквозь призму развития общественно-политической жизни.

К этому времени относится публикация таких работ как “Франкоканадцы” Мэйсона Уэйда, “Идея континентального союза” Дональда Уорнера и “Исследование канадского либерализма” Фрэнка Андерхилла[30]. Их авторы не ставили целью изучение процесса развития канадского национального самосознания, однако они существенно продвинулись в исследовании теорий, которые оказали значительное влияние на идейную атмосферу в стране в последней трети XIX в.

Одной из наиболее ярких работ рубежа 1950-60-х гг. стала диссертация Дж. Маклина, поставившая перед научными кругами проблему взаимосвязи национализма и империализма. В ней впервые высказана мысль о стимулировании канадского движения за имперское единство 1880-90-х годов стремлением жителей доминиона защитить собственные экономические интересы, всё отчётливее осознаваемые ими в качестве национальных приоритетов[31]. Обнаруженная исследователем связь между двумя течениями канадской общественно-политической мысли получила дальнейшее развитие в трудах К. Бергера[32] и Н. Пенлингтона[33], доказавших, что империализм являлся особой формой выражения национализма.

Настоящим прорывом в изучении канадского национализма стал труд профессора университета Манитобы Уильяма Мортона "Канадская идентичность", который и сейчас можно назвать наиболее обстоятельной работой по данной теме[34]. Согласно концепции автора, канадская нация сформировалась под воздействием ряда факторов, среди которых особое значение имели географические условия, высокая степень финансового и политического влияния метрополии, а также продолжительное сосуществование английской и французской культуры[35]. В результате, как утверждал Мортон, на территории Канады образовался особый тип национального самосознания, представлявший собой компромисс между британским империализмом и франкоканадским национализмом: "не французский, не британский по сути, а именно канадский"[36].

Несомненным достоинством данного исследования является стремление автора всесторонне рассмотреть развитие канадского национализма как многофакторного процесса, выявить истоки возникновения его характерных черт. Не менее примечательна и поставленная им задача доказать право Канады считаться уникальной американской цивилизацией в силу наличия индивидуального пути национального развития[37]. Однако можно назвать весьма спорным тезис о достигнутом компромиссе между британским империализмом и квебекским национализмом на почве общей национальной идентичности. Утверждая, что совместное бытие английской и французской культуры создало единое национальное сознание, автор явно выдавал желаемое за действительное, доказательством чему стал мощный всплеск франко-канадского сепаратизма во второй половине 1960-х гг. Кроме того, Мортон изначально рассматривал национализм не как политическую идеологию, а как некую глубинную характеристику сознания (или даже подсознания), а потому не уделил внимания роли общественно-политической мысли Канады в его развитии. Таким образом, остался открытым вопрос о субъективной стороне процесса национального самоопределения и о сознательном участии в нём самих канадцев.

В преддверии столетнего юбилея принятия Акта о Британской Северной Америке канадская историография вошла в полосу бурного развития. Казалось, само приближение знаменательной даты в 1967 г. обязывало учёных выйти на качественно новый уровень в изучении прошлого. К этому времени, благодаря усилиям таких исследователей как К. Дойч и Э. Кедури, которые сформировали теоретический базис для конкретно-исторических работ, тема национализма стала всё чаще привлекать внимание представителей исторической науки[38]. В Канаде проявлением растущего интереса к данной теме стал выход сборника статей “Национализм в Канаде” под редакцией П. Рассела[39]. В нём ряд историков обратились к различным аспектам развития национальной идентичности в своей стране. В силу той остроты, с которой национальный вопрос проявился в политической жизни федерации во второй половине 1960-х гг., большинство работ оказались посвящены его эволюции в новейшее время, тогда как периоду до Первой мировой войны уделили внимание лишь немногие. Отсутствие достаточной теоретической проработки заявленной проблематики отразилось терминологической и предметной несогласованностью статей (редактор сборника оставил эти вопросы на усмотрение авторов[40]), а разброс мнений о сущности национализма включал в себя диапазон определений от идеологии и политической философии до феномена из области психоанализа и квазирелигиозных чувств[41]. Некоторые же авторы совсем не пояснили, что подразумевают под национализмом и чем ограничена область их исследования. Проблема взаимосвязи общественно-политической мысли с процессом формирования национальной идентичности была затронута только в статье К. Бергера “Настоящие северяне: сильные и свободные”, посвящённой идее канадского норманнизма, в которой была обстоятельно изучена роль расовых теорий конца XIX в. в становлении национализма[42].

Национальная проблематика заняла одно из центральных мест и в исследованиях Канадской исторической ассоциации. В выпущенном ею юбилейном сборнике статей сразу несколько историков обратились к этим злободневным вопросам[43]. Среди них необходимо выделить Р. Сондерса, который предпринял попытку проанализировать роль исторической науки в качестве одного из движущих факторов развития национализма[44], а также К. Стэйси, впервые указавшего на необходимость обращения к истории общественно-политической мысли для более глубокого понимания “происходящего непосредственно в умах людей” процесса национального самоопределения[45]. Большой интерес как одно из первых исследований в направлении интеллектуальной истории Канады представляет и работа Дж. Джордана, посвящённая отражению идей имперского патриотизма в популярной литературе 1870-1890-х гг.[46]

Завершением рассматриваемого историографического этапа стала книга известного канадского учёного Рамсея Кука “Франкоканадский национализм”, которая, являя собой антологию общественно-политической мысли Квебека, должна была, по замыслу автора, стать началом дискуссий по предложенной проблеме[47].

Однако, начиная с 1970-х гг. изучение национализма приобрело новую специфику. Очередной виток обострения таких застарелых проблем канадской политической системы, как квебекский сепаратизм и регионализм, именуемый в историографии “кризисом федерации”, в совокупности с общемировым экономическим спадом ориентировал историков на изучение недавнего прошлого, в котором, казалось, можно было найти ответы на многие актуальные вопросы современности. Хронология трудов по национальной проблематике стала ограничиваться областью новейшей истории, а основное внимание сосредотачивалось на текущем состоянии проблемы. В этом отношении показательны работы Д. Кэмерона, С. Уэллса и Р. Кука, посвящённые взаимоотношениям “английской” и “французской” Канады и роли национального фактора в развитии политической системы федерации[48]. Их общей чертой является стремление авторов, выражаясь словами Кэмерона, “вписать национализм в исторический контекст”, но изучать его, прежде всего, как явление современной политической жизни[49]. Неудивительно поэтому, что из названных учёных только Р. Кук обратился к теме развития национального самосознания в XIX – начале XX вв., да и то в качестве краткого экскурса в историю вопроса. Посвятив этому сюжету всего несколько страниц, он, тем не менее, выдвинул ряд новых идей. Среди них особенно актуальной выглядит мысль о слабости канадского национализма, которая была обусловлена взаимоисключающими претензиями англо- и франкоканадской общины на культурную гомогенность нации[50].

Традиция изучения национализма преимущественно в качестве явления современной политики прочно закрепилась в канадских исследованиях. Среди авторов, работающих в этой области, общепринятым стал политологический подход к объекту исследования, дополненный в последние десятилетия XX в. социальной философией[51]. Несмотря на значительное усовершенствование теоретической и методологической базы, обусловленное общим развитием гуманитарных наук, в 1980-2000-е гг. наметился явный недостаток исторических работ. Исключением выглядит сборник статей "Колониальный национализм", изданный по итогам работы одноимённой научной конференции, проходившей в Сиднее в 1988 г.[52] Канадская тематика в нём была представлена работой Ж. Моне "Англоканадцы, франкоканадцы и колониальный национализм в 1898 – 1905 гг."[53]. Эта публикация примечательна, прежде всего, тем, что национализм рассматривается в ней в качестве продукта развития канадской общественно-политической мысли, представители которой выступают в роли создателей новой политической идеологии. Весьма спорной кажется точка зрения автора, согласно которой канадская нация берёт своё начало в последнее десятилетие XIX в., однако его изначальный теоретический посыл о её формировании усилиями политически активных канадцев можно охарактеризовать в качестве перспективной основы для будущих исследований[54].

В то же время продолжалась разработка отдельных аспектов истории общественно-политической мысли Канады, многие из которых имели непосредственное отношение к становлению национального самосознания. В 1970-90-х годах вышел ряд трудов, посвящённых развитию идеи имперского единства на рубеже XIX – XX вв. и участию доминиона в англо-бурской войне[55]. И хотя в них целенаправленно не уделялось внимания проблеме взаимосвязи империализма и национализма, их авторы сходятся во мнении, что роль процесса национального самоопределения в утверждении идей имперской солидарности была крайне важна[56]. Продвигались и франкоканадские исследования. Специализирующиеся на интеллектуальной истории Квебека учёные, аналогично рассматривая национализм в качестве сопутствующего объекта изучения, признают, тем не менее, его значительное влияние на эволюцию идейно-политической мысли в этой провинции[57].

Кроме работ, посвящённых непосредственно истории Канады, следует также отметить те труды, в которых проблема развития канадской общественно-политической мысли изучалась в общем контексте эволюции Британской империи. Согласно господствующей в современной историографии точке зрения, судьба империи в немалой степени зависела от распространения идей национализма в её владениях. Эту взаимосвязь точно определил профессор Лондонской школы экономики Доминик Ливен. "Национальное государство – историческое возмездие империи", - утверждал он в одной из своих монографий[58].

Оценивая место Канады в национальных процессах Британской империи конца XIX – начала XX вв., большинство современных исследователей единодушны, что именно в североамериканском доминионе национальная идентичность получила наиболее раннее и ускоренное развитие. Г. Мартин, автор очерка о Канаде 1815-1905 гг. в пятитомной Оксфордской истории Британской империи, считает, что причиной тому были наиболее развитые и устоявшиеся традиции государственности, а также безопасное геополитическое положение доминиона, которое позволяло ему долгое время не искать непосредственной военной защиты и покровительства у метрополии[59]. Другой известный английский историк Д. Джадд также подчёркивает эту особенность стратегического расположения Канады "под крылом" США и "всего в 3000 милях от метрополии", которая позволяла ей долгое время чувствовать себя в безопасности и органично развиваться[60]. В то же время, Д. Ливен призывает не переоценивать подобное геополитическое положение, которое, на его взгляд, в некоторой степени даже тормозило развитие национальной идентичности, так как "у канадцев не было соседа, которого нужно было ненавидеть и от которого нужно было дистанцироваться", что не способствовало быстрому формированию национальной идеологии[61].

В исследовании общих проблем колониального национализма интересны результаты работы английского историка Л. Джеймса. Обращаясь к вопросам развития британских доминионов, он пришёл к выводу, что, несмотря на поразительную лояльность и дружелюбие Канады по отношению к метрополии, североамериканский доминион уже в 1867 г. создавался по принципам национального государства и с каждым годом его собственная идентичность всё сильнее и сильнее проявлялась на общеимперском фоне[62].

Таким образом, Научная новизна предлагаемого исследования состоит в том, что оно представляет собой первую в отечественной историографии работу, непосредственно посвящённую изучению канадского национализма последней трети XIX – начала XX вв. как политической идеологии. Принципиально новым при этом является сам подход к разработке данной темы, предполагающий исследование национализма в качестве объекта социального конструирования.

*Источниковой базой исследования* послужили как архивные, так и опубликованные материалы: делопроизводственная документация, публицистика, пресса, личная переписка, произведения литературы и искусства.

Архивные документы представлены личными фондами Дж. С. Юарта и А. Бурасса из собраний провинциального архива Манитобы. Являясь видными фигурами общественно-политической жизни своей эпохи, они поддерживали связь со многими представителями канадского истеблишмента. В сохранившихся материалах деловой переписки запечатлён процесс взаимного обмена мнениями, особенности мировоззрения и общественно-политических позиций её участников. Эти источники позволили составить более полную картину идейных воззрений их авторов, проследить нюансы, ускользавшие из поля зрения широкой публики.

Документы делопроизводства, использовавшиеся в исследовании, включают журналы заседаний Палаты общин канадского парламента, материалы колониальных конференций 1887 г. и 1894 г. и провинциальной конференции 1887 г. Особенностью данного вида источников является их определённое “запаздывание” относительно общего развития канадской общественно-политической мысли. Объясняется это двумя причинами. Во-первых, сам официальный характер подобных документов позволял участникам дискуссий, из опасений быть непонятыми, выражать только уже достаточно утвердившиеся и распространённые мнения. Во-вторых, на повестку дня мероприятий подобного уровня могли выноситься только вопросы, имевшие общепризнанную актуальность. Таким образом, эти источники служат своеобразной “лакмусовой бумажкой”, позволяющей судить о степени влияния тех или иных идейных концепций в канадской интеллектуальной среде.

Отличительной чертой стран англо-саксонского “мира” являлся (и является) высокий уровень гражданской активности населения, традиционно ориентированного на объединение ради достижения общих целей. В исследовании использованы уставные и делопроизводственные документы таких общественно-политических организаций как Лига Имперской Федерации, Лига Британской империи, Канадский имперский клуб, Ассоциация континентального союза и Национальная Лига, где провозглашаются цели и раскрывается ход их практической деятельности. Немаловажное значение имеют и протоколы заседаний Королевского колониального института, в работе которых активное участие принимали канадские политические лидеры. Среди них можно назвать одного из “отцов-основателей" канадской федерации Чарльза Таппера, премьер-министра Британской Колумбии Ричарда Макбрайда, профессора университета Торонто Стефана Ликока и др[63]. С помощью этих документов, представлявших позицию элитарных кругов, возможно детальное изучение не только точек зрения выступавших и их оппонентов, но также и главных тенденций в развитии общественного мнения.

Основу источниковой базы работы составили публицистика и периодическая печать. Их отличительные особенности – высокая субъективность в подаче информации, нередко, односторонний, заинтересованный взгляд на вещи, ангажированность и пристрастность – часто считаются помехой для исторического исследования. Являясь инструментами формирования общественного мнения, донесения различных идейных концепций от интеллектуальной элиты до широких слоёв населения, пресса и публицистика стали теми орудиями "печатного капитализма", которыми было выковано национальное самосознание[64]. Соответственно "родовые пороки" данного вида исторических источников становятся их главными достоинствами, позволяющими выявить, какие именно идеи и в какой форме хотели донести их авторы до читающей публики. Иными словами, именно публицистика и периодическая печать позволяют исследовать процесс развития политической идеологии национализма в его конкретном воплощении на страницах памфлетов, газет и журналов.

Из материалов публицистического характера в работе были использованы произведения, вышедшие из-под пера лидеров и активных участников общественно-политических движений. Некоторые из них следует отметить особо. В борьбе за экономический и политический союз с США главной силой выступала Ассоциация континентального союза во главе с Голдуином Смитом. Благодаря памфлетам и публичным выступлениям чётко прослеживается идейная позиция этого движения[65]. В изучении взглядов Г. Смита важное значение имела его работа "Канада и канадский вопрос", в которой он изложил аргументы в пользу присоединения Канады к США, а также издававшийся им в течении ряда лет журнал “Байстендэр”[66]. Сторонники идей империализма также выражали свою точку зрения на страницах публицистических изданий. Ярким примером того является книга Джорджа Паркина “Имперская федерация”[67]. В работе Оливара Асселина “Квебекский взгляд на канадский национализм” подробно изложена идейно-политическая платформа Национальной Лиги, возглавлял которую Анри Бурасса[68]. При изучении движения “Канада прежде всего” большую пользу принесли публицистические статьи и памфлеты его участников, собранные в общем издании, посвящённом памяти У. Фостера[69].

Как и публицистика, периодическая печать отражает спектр канадской общественно-политической мысли с позиций её непосредственных участников. Реагируя на все значительные события в жизни страны, журналы и газеты были одним из наиболее точных индикаторов господствовавших настроений. Этот вид источников представлен в работе, главным образом, общенациональными периодическими изданиями, а также рядом газет: “Манитоба фри прэс”, “Веритэ”, “Насьйоналист” и “Девуар”. Ценность журналов и газет, по сравнению с памфлетами и делопроизводственной документацией, состоит в том, что они дают возможность охватить более широкий круг мнений, оказывавших непосредственное воздействие на эволюцию канадского национализма. Кроме того, именно данный вид источников позволяет реконструировать процесс формирования национального самосознания как явления канадской повседневности.

Важным дополнением к перечисленным видам источников являются произведения литературы и искусства. Они представлены сочинениями канадских поэтов, писателей, творивших в жанре исторической романистики, работами художников. Что касается последних, то особенно информативными оказались иллюстрированные календари, публиковавшиеся Лигой искусств Торонто, и отражавшие основные тенденции в развитии канадской живописи[70]. Художественные образы, создаваемые деятелями искусства, служили важным инструментом формирования национального самосознания. Охватывая более широкую публику, нежели слой политически активных читателей, они в доступной форме доносили до широких масс населения новые идеалы и ценности.

# ГЛАВА 1. ОБЩЕСТВЕННО-ПОЛИТИЧЕСКАЯ МЫСЛЬ КАНАДЫ И СТАНОВЛЕНИЕ ИДЕОЛОГИИ “КАНАДИАНИЗМА” (КОНЕЦ 60-Х – СЕРЕДИНА 80-Х ГГ. XIX В.)

## § 1. Формирование концепции канадской нации и деятельность движения “Канада прежде всего”.

Приступая к повествованию о начальных этапах развития национального самосознания, многие канадские историки традиционно обращались ко времени англо-американской войны 1812-1814 гг. Именно события той эпохи чаще всего назывались первым примером возникновения у колонистов Британской Северной Америки чувства общности интересов и единения на основе принадлежности к собственной стране – Канаде[71].

В последующие десятилетия отношения между поселенцами канадских провинций продолжили развиваться. Борьба за самоуправление 1830-40-х годов стала серьёзным испытанием их политической зрелости, потребовавшим консолидации усилий общественно-политических кругов всех колоний для достижения общей цели. Её результатом было не только учреждение ответственного правительства в 1848 г., но и обретение ценного опыта межколониального взаимодействия, способствовавшего постепенному преодолению региональной замкнутости. Этот опыт оказался полезен в 1860-х годах, когда потребности развивающейся экономики и зарождающаяся национальная идентичность поставили на повестку дня вопрос о реформировании системы межпровинциальных отношений и образования федеративного союза.

По мере того, как идея объединения набирала в североамериканских автономиях всё больше сторонников, метрополия стала рассматривать её в качестве ответной меры на экспансионистские замыслы определённой части

**Джон А. Макдональд.**

**Премьер-министр Канады в 1867-1873 и 1878-1891 гг., лидер консервативной партии**

**1867-1891 гг.**

политических кругов США. Планы аннексии северных территорий, имевшие хождение ещё со времени Войны за независимость, получили особенно широкое распространение в соседней республике во второй половине 1860-х гг. по причине негласной поддержки Великобританией Конфедерации южных штатов в ходе гражданской войны 1861-1865 гг.[72]

Однако несмотря на всю значимость помощи со стороны метрополии, образование доминиона в 1867 г. оказалось возможным, в первую очередь, благодаря готовности передовой части канадской общественности создать из нескольких относительно самостоятельных провинций единое государство. Это событие исключительной важности поставило на повестку дня целый комплекс проблем, связанных с обеспечением условий эффективного развития страны. В него входили не только вопросы конституционного, политического, экономического, военного характера, но и необходимость идейного осмысления процесса формирования новой канадской нации.

Напряжённые дискуссии о соотношении федеральных и провинциальных интересов, предшествовавшие принятию Акта о Британской Северной Америке, сохранили свой принципиальный характер даже после его официального вступления в силу. Соответственно отношение к уже возникшему федеральному союзу и, тем более, к проблеме взаимодействия центральных и местных органов власти, которая сразу приобрела важное значение, имело в различных провинциях существенные, а порой и кардинальные различия.

В Онтарио создание федерации было встречено с энтузиазмом. Здесь идея объединения Британской Северной Америки всегда имела наибольшую популярность. В 1860-е годы, когда дебаты по вопросу о создании союза, достигли максимальной остроты именно решительная поддержка общественно-политических кругов Онтарио позволила Доминиону стать свершившимся фактом. Теперь же местная деловая элита рассчитывала, что федеральное правительство возьмёт на себя роль проводника её интересов на всей территории страны. Особенно это касалось экономического соперничества Торонто и Монреаля[73]. Однако в политической сфере многие в Верхней Канаде, наоборот, ожидали от "центра" полного невмешательства во внутренние дела региона. Глава правительства Онтарио Джон Сэндфилд Макдональд (1867-1871) был признанным сторонником широкой провинциальной автономии, особенно в области финансовых вопросов[74]. Его поддерживала местная пресса. "Федеральная система, - заявляла торонтская газета "Глоуб" сразу после образования доминиона, - создана для того, чтобы защищать независимость субъектов в решении ими своих внутренних задач"[75].

Во второй по значимости провинции – франкоязычном Квебеке – создание федерации воспринималось неоднозначно. С одной стороны, это решение поддерживалось как способ уменьшения непосредственного политического и культурного влияния Великобритании в Канаде, а также как важный этап на пути движения североамериканских провинций Британской империи в сторону государственной независимости[76]. Но, с другой стороны, среди франкоканадцев были распространены опасения, что переподчинение Квебека Оттаве (взамен далёкого Лондона) активизирует попытки ассимиляции этой франкоязычной провинции, подорвёт её самостоятельность, а, возможно, станет причиной "полного краха французской расы в Нижней Канаде"[77]. Такого рода настроения усиливались благодаря традиционному недоверию квебекцев к британским институтам власти, что немедленно распространилось и на новообразованное федеральное правительство.

В Новой Шотландии и Нью-Брансуике у канадской федерации также имелись многочисленные противники. С 1866 г. в Галифаксе развернула активную работу так называемая Лига приморских провинций во главе с известным региональным политиком Джозефом Хау. Официальной целью её деятельности являлась "защита политических институтов и населения приморских провинций от разрушительных последствий изменения формы административного управления"[78]. Под таковыми, чаще всего, понималось то, что Новая Шотландия и Нью-

Брансуик могут лишиться части экономической и политической самостоятельности в пользу федерального центра. Сторонники Лиги видели два способа избежать этого: либо не допустить объединения провинций (а после 1867 г. денонсировать Акт о создании доминиона), либо добиваться для себя максимально “лучших условий” вступления в состав новой федерации[79].Сам Дж. Хау считал, что для Новой Шотландии было бы гораздо выгоднее оставаться самоуправляющейся колонией Великобритании, нежели присоединяться к экономически многократно превосходящим её Онтарио и Квебеку[80]. Он не наблюдал общих интересов и чувства единения у жителей различных провинций Канады, а потому называл Акт о Британской Северной Америке противоречащим народной воле[81]. В 1868 г. Хау предпринял поездку в Лондон с целью убедить английский парламент денонсировать Акт 1867 г., но потерпел полную неудачу. Депутаты Палаты общин не проявили ни малейшего интереса к протестам населения Новой Шотландии и представлявшему их “народному трибуну” (как неофициально называли Хау). Лишь убедившись в невозможности выхода Новой Шотландии из состава федерации Дж. Хау согласился сотрудничать с правительством в Оттаве и присоединился к кабинету министров Дж. Макдональда дабы иметь возможность эффективнее отстаивать интересы своего региона.Описанные настроения существовали в приморских провинциях не случайно. Заселение этих районов происходило путями отличными от Верхней и Нижней Канады, а межпровинциальные связи на протяжении всей истории колонизации имели для них весьма несущественное значение. При том для жителей Новой Шотландии и Нью-Брансуика было даже не характерно называть себя канадцами, вместо чего употреблялось слово “новоскошиан”. Таким образом, утверждение Дж. Хау об отсутствии у них чувства единения с “остальной” Канадой имело под собой серьёзные основания.

**Джозеф Хау.**

**Лидер движения антифедералистов 1867-1869 гг., государственный секретарь по делам провинций**

Пример Ньюфаундленда, который так и не вошёл в состав федерации, демонстрировал определённую ограниченность центрального правительства в средствах и методах расширения своего влияния. В конце 1860-х жители этого острова оставались весьма равнодушными к другим провинциям Британской Северной Америки. Они видели больше негативных последствий от возможного присоединения к союзу, нежели преимуществ, а потому направили в Лондон петицию с выражением нежелания вступать под юрисдикцию Оттавы. "Жители колонии хотят видеть свой остров лишь в качестве океанской крепости Британии в этом уголке Земного шара, который принадлежит ей и только ей, - говорилось в обращении. - Наша провинция не имеет никаких общих интересов ни с Верхней, ни с Нижней Канадой, также как и с другими приморскими провинциями и не стремится к объединению с ними"[82].

В итоге, федеральное правительство оказалось в состоянии постоянного "торга" с представителями провинциальных элит по поводу условий дальнейшего взаимодействия. Оценивая сложившуюся ситуацию, многие политики и видные общественные деятели Канады опасались, что центробежные силы разрушат доминион. "Куй железо, пока горячо! – взывал к премьер-министру Джону Макдональду генерал-губернатор Чарльз Монк в 1867 г. – Ситуация уже критическая. Если мы сейчас не сможем перетянуть на свою сторону таких людей как Хау и их товарищей, то федерацию ждёт неминуемый кризис"[83].

Для успешного развития молодого государства было необходимо решить и ряд таких неотложных задач как освоение новых земель, развитие инфраструктуры, привлечение инвестиций и иммигрантов, урегулирование этнических противоречий и многие другие. Этот процесс требовал мобилизации усилий всех канадцев, что было весьма затруднительно при господстве регионализма и идейно-политической разобщённости.

В середине XIX в. в ряде стран Европы и Америки господствовавшей стратегией политического объединения, происходившего на основе общей самоидентификации, выступала концепция национального государства[84]. Преемственная идеям Великой французской революции и разработанная известными экономистами и философами Джоном Стюартом Миллем и Фридрихом Листом, она основывалась на понятии нации как особом культурно-политическом единстве всех жителей определённой территории. Национальное государство мыслилось ими как самой естественной, так и наиболее прогрессивной формой развития человеческих обществ (в противовес многонациональным деспотиям)[85].

Эта теоретическая концепция выполняла двойную функцию. Опиравшийся на неё принцип национальной территории легитимировал изменение или создание отсутствовавших ранее государственных границ на политической карте мира, а также подтверждал статус этнических автономий в составе империй. Примером первого случая может быть процесс объединения Италии и Германии, а второго – неуклонно развивающаяся самостоятельность Венгерского королевства и, в известной мере, Княжества Финляндского. Кроме того, национальное государство стало играть роль преимущественного объекта политической лояльности, источника чувств патриотизма и гражданской солидарности, заполняя идеологический вакуум, который возник в условиях десакрализации королевской власти и других традиционных политических институтов[86].

Важно отметить, что в европейских языках середины XIX в. смысловое наполнение термина “нация” существенным образом отличалось от его значения в последующем столетии. Общепринятая лексика английского языка ставила это слово в один синонимический ряд с такими понятиями как “род”, “племя” и “государство”, не определяя его самостоятельного смысла[87]. Изменения, произошедшие на политической карте Европы в 1860 – 80-х гг., содействовали тому, что понятие “нация” получило наибольшее распространение в сфере международного права как обозначение любого суверенного государства, субъекта международных отношений. Соответственно под "национальностью" понималась юридическая принадлежность человека к таковому государству, иными словами, гражданство или подданство[88].

Однако в политическом лексиконе Британской Северной Америки уже с начала дискуссий о создании союза понятие "нация" стало приобретать более широкий смысл, выходя за рамки правоведения и включая в себя элементы обозначения определённой гражданско-территориальной общности. Для "отцов-основателей" доминиона было характерно считать, что долгие годы соседства не прошли даром для колоний, которые теперь оказались готовы перейти на новый качественный уровень взаимодействия. В одной из

**Происхождение и этнический состав населения Канады (по данным переписи 1871 г.)[89]**

| | Место рождения[3] (кол-во человек) | | Этническая или расовая принадлежность |
|---|---|---|---|
| Канада | 2.892.763 | Французы[4] | 1.082.940 |
| Ирландия | 219.451 | Ирландцы | 846.414 |
| Англия | 144.999 | Англичане | 706.369 |

[3]Здесь и далее наименования столбцов и строк таблиц даются как в источниках.

[4] В рассматриваемый период статистика в данной области была призвана продемонстрировать, прежде всего, британское происхождение населения Канады, а потому слабо отражала тенденции развития национального самосознания. Вплоть до начала XX в. в разделе «этническая или расовая принадлежность» отсутствовала графа «канадцы», также как «англоканадцы» и «франкоканадцы».

| | | | |
|---|---|---|---|
| Шотландия | 121.074 | Шотландцы | 549.946 |
| США | 64.447 | Немцы | 202.991 |
| Германия | 24.162 | Индейцы | 108.547 |
| Брит. колонии | 9.696 | Голландцы | 29.662 |
| Франция | 2.899 | Негры | 21.496 |
| Другие | 6.270 | Скандинавы | 1.623 |
| Всего | 3.485.761 | Итальянцы | 1.035 |

**Основные религиозные конфессии Канады (по данным переписи 1871 г.)[90]**

| **Конфессия** | **Количество верующих** |
|---|---|
| Католики | 1.492.029 |
| Методисты | 567.091 |
| Пресвитериане | 544.998 |
| Англикане | 494.049 |
| Баптисты | 227.898 |
| Квакеры | 7.345 |

резолюций Квебекской конференции 1864 г., на которой были заложены конституционные основы будущей федерации, утверждалось, что “объединение североамериканских провинций позволяет говорить не только об изменении их политического статуса, но и о создании новой нации”[91]. После принятия Акта 1867 г. в похожем духе высказался и первый генерал-губернатор объединённой Канады. На торжественном открытии парламентской сессии 6 ноября 1867 г. лорд Монк провозгласил появление “новой нации” на территории британской Америки[92].

Разумеется, подобные заявления не были демонстрацией готовности Канады принять на себя статус суверенного государства. В ситуации сохранявшейся культурной неоднородности и господства настроений локальности в сознании жителей канадских провинций термин "нация" был удобен для выражения того желаемого единства населения доминиона, которое считалось необходимым условием его дальнейшего развития и решения наиболее насущных проблем. Так, например, один из первых историков доминиона Джон Макмаллен полагал, что именно чувство принадлежности к "канадской нации" позволит сплотить в единое целое всех её жителей, "пусть даже они были бы вчерашними эмигрантами из Шотландии или Ирландии"[93].

Во второй половине 1860-х гг. теория национального самоопределения была подхвачена многими политиками в Оттаве, частью интеллигенции и деловой элиты Онтарио, журналистами и всеми теми, кто хотел видеть Канаду централизованным государством с сильной федеральной властью и подчинёнными ей регионами[94]. Недавняя гражданская война в США только укрепляла их убеждение в необходимости чёткого ограничения провинциальной автономии и выработки объединяющей идеологии. Предполагалось, что наиболее подходящим инструментом для решения этих задач и стимулирования развития страны могла стать идея единой канадской нации, обладающей собственной культурной идентичностью и чувством "канадианизма" – то есть национальной солидарностью, ощущением единства исторической судьбы и любви к общей канадской Родине[95]. Наиболее точно смысл нового термина удалось выразить его изобретателю – известному публицисту Уильяму Фостеру: "Нам нужно нечто более связующее, чем географическая близость, более объединяющее, чем простая целесообразность, более мощное, чем общие интересы…только "национальный дух" сможет стать тем двигателем, на котором будет работать политическая машина Канады "[96]. Постепенно понятие национализма стало входить в употребление как "стремление тех, кто родился на канадской земле, считать эту страну своим домом, своей родиной, желание видеть её процветающей и развивающейся,

**Эдвард Блэйк.**

**Премьер министр Онтарио 1871-1872 гг., лидер либеральной партии**

**1880-1887 гг.**

занимающей достойное положение среди других народов мира"[97].

Подобный подход к вопросу о нации формировался, прежде всего, в Верхней Канаде и далеко не сразу получил популярность в соседних провинциях. В Квебеке границы самоидентификации традиционно совпадали с территорией расселения франкоязычного населения. Местные политики и публицисты постоянно стремились подчеркивать уникальность собственной провинции и её несхожесть с другими владениями британской короны. К середине XIX в. там уже получила развитие концепция двух самодостаточных наций: британской и франкоканадской. Англофонность и протестантизм мыслилось такими же определяющими характеристиками для первой из них, как франкофонность и католицизм для второй. При этом "Канадой" в Квебеке с давних времён называлась именно франкоязычная долина реки св. Лаврентия без учёта остальных провинций[98]. Таким образом, англо- и франко-канадское представление о нации оказалось изначально несовпадающим.

После образования доминиона население Квебека лишь упрочилось в собственном понимании национальной идентичности. Можно согласиться с мнением известного историка Мэйсона Уэйда, что с начала 1870–х гг. Квебек "стал более католическим и более французским, чем вообще когда-либо с момента основания Новой Франции"[99]. Вплоть до конца XIX столетия в общественно-политической жизни Нижней Канады отсутствовало представление о единой для всего доминиона "канадской нации". "За исключением Соединённых Штатов и Канады,- говорилось в одной из типичных франкоканадских публикаций того времени,- в мире нет ни одной страны, в которой население бы состояло из нескольких великих наций"[100].

В Новой Шотландии главным противником канадского национализма было движение антифедералистов. Активно выступая против вхождения приморских провинций в состав доминиона, они всеми силами старались показать, что между ними и Канадой (под которой они подразумевали только провинции Онтарио и Квебек) нет ничего общего, и их население никак не может представлять собой единую нацию. Вот один из примеров политического стихосложения, который красноречиво иллюстрирует их точку зрения:

О вдохновенный свет!
Пусть озарит он эту злую ночь,
Пусть сгинет пелена, окутавшая зренье,
Уйдёт туман, укрывший преступленье,
Тогда увидит мир, как из Новой Шотландии храбрецы
Были Канаде проданы словно рабы![101]

Только после того как антифедералистское движение, убедившись в бесперспективности попыток повернуть вспять процесс укрепления федерации, полностью прекратило своё существование, его лидер Дж. Хау выступил в поддержку идеи единой "канадской национальности". Уже находясь к тому времени в составе федерального правительства, он признавал её в качестве наиболее подходящего способа самоидентификации и консолидации населения доминиона[102].

Таким образом, на момент возникновения объединённой Канады было очевидно, что до желаемого гражданского единения, выражавшегося в понятии "нация", ещё весьма далеко. Необходимость его формирования, "культивирования национального духа" и повышенного внимания к проблемам внутреннего развития страны постулировались в качестве основных задач теми, кто стал называть себя "националистами" (nationalist). "Федерация Канада будет лишь умозрительным построением, пока её жителей не сплотит чувство принадлежности к одной нации ", - выражал их общее мнение журналист Г. А. Макензи[103]. Ещё более ярко ту же мысль словно продолжил в 1871 г. один из известных политиков и публицистов того времени, будущий лидер либеральной партии Эдуард Блэйк. "У нас есть очень трудная задача – сплотить в единое целое семь провинций, которые привыкли чувствовать себя изолированными друг от друга, которые полны своих мелких предрассудков, локальных проблем и интересов, – заявлял он в одной из своих речей. - Разве сможем мы сделать это, раздавая подачки то одним, то другим, как это делало последнее правительство? Например, выплачивая каждый год Нью-Брансуику по 150 тыс. долл.? Неужели кто-то может надеяться построить гармонию исключительно на материальных основах? Нет! Мы должны найти нечто более достойное для доминиона. Некую основу, которая стала бы общей и вдохновляющей для всех. Я уверен, что она может быть найдена только в развитии национального самосознания”[104].

Поставленные задачи требовали, прежде всего, выработки общепризнанного смыслового содержания таких новых понятий как “нация” и “национальный дух”. Европейская практика развития национализма показывала, что их толкование может весьма широко варьироваться в зависимости от конкретной политической и культурной ситуации. С начала 1870-х гг. в общественно-политических кругах североамериканской федерации термин “нация” всё чаще стал применяться по отношению к Канаде в значении аналогичном другим странам Европы и Америки, то есть как обозначение суверенного государства, обладающего определённой территорией с проживающим на ней населением. В публичных выступлениях и периодической печати этого времени Канада часто представлялась в образе молодой девушки, нерешительно выходящей навстречу другим “взрослым” нациям всего мира, иногда под покровительством своей “матери” Великобритании[105].

Опираясь только на общепринятые в правоведении и политике того времени формальные признаки нации, такой образ было бы трудно понять. С точки зрения международного права, Канада оставалась владением Великобритании, пусть и с широкой внутренней автономией. Однако желание видеть себя в равном положении с другими независимыми государствами и, прежде всего, со “страной-матерью заставляло канадцев отступать от общепринятых стандартов. Не случайно в прессе и публицистической литературе стали популярны статистические отчёты показателей роста экономики Канады, доказывавшие, по убеждению их составителей, её огромный потенциал, а следовательно и право занять в будущем достойное место в ряду великих держав[106].

При этом подчиненное положение доминиона нисколько не противоречило идейной самоидентификации канадцев как нации, а перспективы имперского сотрудничества и представление о единстве англо-саксонской “расы” только добавляли уверенности в собственных силах. Националисты считали, что неизбежно наступит день, когда Канада станет независимым государством. “В нашем доминионе есть всё необходимое, чтобы быть сильной и богатой нацией, - доказывал право Канады на самостоятельное существование журналист Николас Дэйвин, - огромные незанятые территории, ждущие своих хозяев, природные богатства, выгодное географическое положение, и, конечно же, люди, в жилах которых течёт кровь англосаксов и которые по трудолюбию и демократичности сознания практически не имеют себе равных в мире”[107]. Такие доводы считались достаточно вескими для подтверждения права Канады обладать собственной нацией и многократно повторялись в выступлениях и сочинениях политиков и публицистов.

Независимость представлялась закономерным итогом материального и духовного прогресса Канады. Непременным условием её достижения считалось окончательное утверждение самобытного канадского национального духа, начало складывания которого относилось к моменту появления первых европейских колоний на североамериканском континенте[108]. Однако до тех пор, пока население доминиона существенно не возросло (на начало 1870-х гг. оно составляло чуть более четырёх миллионов человек), он должен был, хотя бы по соображениям безопасности, находится в составе империи. И за это время, как полагали националисты, требовалось сделать всё возможное, чтобы подготовиться к полностью самостоятельному существованию Канады.

Вместе с тем путь к независимости всегда представлялся исключительно эволюционным, без каких-либо потрясений и радикальных решений. Условной точкой, которая бы обозначила финал этого процесса, считался момент, когда в Канаде сформируется своя собственная национальная индивидуальность, когда будет преодолена локальность в сознании жителей различных провинций. Согласно наиболее оптимистичным прогнозам, всё это могло свершиться уже при жизни тогдашнего поколения, к началу XX в.[109] Наиболее видной общественно-политической организацией националистов того времени был клуб "Канада прежде всего" (Canada First). Просуществовав сравнительно недолгое время, он смог оказать значительное влияние на идейную обстановку в стране и даже вмешаться в ход некоторых политических событий. Его создание относится к 1868 г., когда группа патриотически настроенных молодых людей приняла решение создать закрытое общество для обсуждения национальных проблем. Впоследствии его постоянный участник полковник Джордж Денисон так вспоминал эти события: "В апреле 1868 г. дела привели меня в Оттаву. В это же время там остановился мой хороший друг У. А. Фостер, а также наш общий товарищ писатель Дж. Морган, проживавший тогда в отеле "Бак и Санджер". Мы часто проводили вечера за беседой в его номере, где и познакомились с Р. Халибертоном и Ч. Мэиром. И чем больше мы общались, тем сильнее становилась дружба между нами. Темой всех наших разговоров была Канада: её прошлое, настоящее и будущее. Мы говорили об этом каждую нашу встречу, из вечера в вечер и, в итоге, дали торжественную клятву друг другу, что все наши силы будут направлены на службу Канаде и её интересам. Вскоре эта идея воплотилась в лозунге нашей организации: "Канада прежде всего", означавшем, что Канада как нация и государство должна превалировать над всеми партийными или личными интересами"[110]. В ходе этих бесед была также сформулирована ключевая цель деятельности нового

политического клуба, которая состояла в " поощрении и взращивании канадского национального духа". Ближайшей его задачей объявлялось "содействие национальному сплочению всех провинций путём развития торговых и культурных связей"[111].

В скором времени все пятеро приступили к реализации намеченных планов. Так, например, Р. Халибертон отправился в Новую Шотландию, где издал несколько статей в местной прессе и памфлет “Межколониальная торговля” с критикой взглядов Джозефа Хау и других противников канадской федерации. Ч. Мэир уехал в Форт-Гарри (позднее Виннипег), откуда регулярно присылал в газету “Глоуб” статьи “проникнутые духом патриотизма…с описанием богатств и природной красоты этого края”[112]. В 1869 г. “Канада прежде всего” расширила свой состав: в Форт-Гарри организация получила ещё одного активного участника, предпринимателя Джона Шульца, благодаря которому сыграла немаловажную роль в событиях осени-зимы того же года.

В октябре 1869 г. в долине реки Рэд, ранее принадлежавшей Компании Гудзонова залива, началось восстание метисов. Они требовали согласования с канадским правительством условий присоединения их земель к федерации, как это ранее было сделано в отношении других территорий. В качестве основы для предстоящих переговоров, руководители повстанцев составили “Перечень прав”, в котором выразили свои требования к кабинету министров в Оттаве. Среди них, в частности, утверждалось право избирать провинциальную легислатуру, шерифов, магистратов, делегировать представителей в федеральный парламент, а также отстаивалось равноправие английского и французского языка, необходимость строительства железной дороги и решения земельного вопроса[113]. По сути, эти условия мало отличались о тех, что выдвигали другие провинции при вступлении в федерацию[114].

В ходе событий, разыгравшихся на реке Рэд, канадский национализм впервые проявил себя как политическая сила. Немаловажную роль сыграл тот факт, что двое членов организации “Канада прежде всего” Ч. Мэир и Дж. Шульц, а также ещё несколько десятков поселенцев Форт-Гарри оказались арестованы восставшими за неподчинение самопровозглашённому правительству Луи Риэля. Спустя некоторое время им удалось бежать из-под стражи и через территорию США добраться до Торонто, где по случаю их освобождения и приезда собрался пятитысячный митинг[115].

**Джордж Денисон.**

**Один из основателей организации «Канада прежде всего»**

Все участники клуба были крайне обеспокоены ситуацией на Северо-Западных территориях. Не вникнув в причины, побудившие метисов к сопротивлению, они восприняли Л. Риэля и его сторонников как бунтовщиков и сепаратистов, чьи действия наносят ущерб целостности канадской федерации. Общая позиция организации заключалась в необходимости военного подавления восстания на Северо-Западе. Как считали её члены, это было необходимо сделать во избежание повторения попыток различных социальных групп достичь своих интересов путём вооружённого неповиновения властям.

Ключевым моментом в формировании общественного мнения стало "дело" Томаса Скотта, казнённого по приговору трибунала восставших. В своих публичных выступлениях, памфлетах и газетных статьях члены клуба, требовали наказать тех, кто "хладнокровно убил юного патриота, чья вина состояла лишь в том, что он остался верен Канаде"[116]. Особенный размах пропагандистская кампания получила в Онтарио, где требования "Канады прежде всего" нашли широкую поддержку среди англо-говорящего населения.

Однако в правительственных кругах Оттавы главенствовало мнение, что беспорядки на реке Рэд не представляют большой угрозы и вызваны, главным образом, агрессивным поведением переселенцев из Онтарио по отношению к франкоговорящим метисам, а также крайне неудачными действиями лейтенант-губернатора Макдугла, проявившего неспособность разрешать возникавшие конфликты[117]. Все действия правительства Дж. Макдональда указывали на то, что взят курс на переговоры с восставшими. В Оттаву прибыли представители Л. Риэля, а вооружённая экспедиция на Северо-запад откладывалась на неопределённое время. "Ни о каких военных мероприятиях и речи быть не может, пока не исчерпаны все средства мирного урегулирования, - недвусмысленно высказывался премьер-министр. - Только если эти злосчастные метисы вынудят меня, я предоставлю полковнику Вулсли шанс прославиться на поле битвы"[118].

Тем не менее, организация “Канада прежде всего” и их единомышленники не собирались отказываться от идеи подавления восстания. Её исполнительный комитет организовал в Торонто многотысячный митинг, на котором была принята следующая резолюция: “Доминион должен владеть Северо-Западными территориями как де-юре, так и де-факто. Если правительство не может защитить наших соотечественников, то долгом жителей Онтарио становится организация вооружённого похода волонтёров во имя защиты канадцев: как тех, кто был недавно выдворен из собственных домов, так и тех, кто в будущем может оказаться в подобной ситуации. Мы должны гарантировать, что подобное беззаконие не повториться на нашей земле, что наказание всегда настигнет любого преступника и что флаг наших предков больше никогда не будет валяться в грязи”[119]. После того как началось формирование отрядов добровольцев, правительству Дж. Макдональда пришлось уступить общественному мнению и применить военную силу против восставших, арестовав при этом их эмиссаров в Оттаве.

Нельзя однозначно сказать, действительно ли в данном случае “Канада прежде всего” содействовала достижению намеченной цели, направленной к укреплению единства федерации. Последовавшая осада и взятие Форт-Гарри войсками под командованием полковника Вулсли означало окончательное присоединение бывших территорий Компании Гудзонова залива к доминиону, однако эти же события крайне осложнили взаимоотношения Оттавы и Квебека, открыв новую страницу в противостоянии английской и французской Канады. Как убедительно показал на примере анализа квебекской прессы историк А. Силвер, франкоканадская общественность долгое время вообще не проявляла особого внимания к событиям на западных территориях, называя сторонников Л. Риэля “ассинибойцами”[5] или просто “инсургентами”[120]. Но

---

[5] Ассинибойя – один из притоков реки Рэд, на котором находилась часть поселений восставших.

энергичная кампания шовинистически настроенных журналистов и публицистов Онтарио, направленная на дискредитацию восставших, не могла оставить жителей Квебека в стороне. Именно со страниц печатных изданий английской Канады они узнали о том, что метисы долины Красной реки были не только "предателями английской короны" и "убийцами", но и "французами"[121].

Выступления англо-саксонских шовинистов с требованием вооружённой расправы над Л. Риэлем и его сторонниками вызвали ответную реакцию в долине реки Св. Лаврентия. Постепенно её франкоговорящие жители начали видеть в так называемых "французских" и "католических" "предателях" из Форта-Гарри своих "собратьев" и "соотечественников"[122]. По мере развёртывания событий, общественность Квебека всё больше приходила к убеждению, что агрессивные выпады националистов Онтарио были направлены не только против мятежников, но и против всех франкоканадцев. В то время, когда жители Онтарио радовались успешному завершению осады Форт-Гарри, в Квебеке будущий премьер-министр доминиона Уилфрид Лорье заявил: "Мы молодая страна. Мы должны пытаться жить друг с другом в мире и согласии. Но если бы я родился на берегах Саскачевана, я бы тоже взял мушкет и пошёл войной против бездушного правительства и жадных спекулянтов"[123].

В 1871 г. в центре внимания канадских националистов оказался заключённый между Великобританией и США Вашингтонский договор. В ходе его разработки метрополия откровенно пренебрегла интересами доминиона во имя нормализации сильно подпорченных за годы гражданской войны отношений с США. Первый международный договор в истории канадской федерации обернулся для неё ущемлением территориальных прав[6]. Единственный

[6] По Вашингтонскому договору, суда под флагом США получили право беспошлинно заниматься рыболовством в территориальных водах провинций Квебек, Новая Шотландия, Нью-Брансуик и Остров Принца Эдуарда. Несогласие с

представитель доминиона на переговорах – премьер-министр Дж. Макдональд по возвращению домой смог только выразить надежду, что когда-нибудь Великобритания отблагодарит Канаду, за принесённую ей жертву[124].

В общественно-политических кругах страны воцарилась атмосфера негодования. У. Фостер , например, выступил с памфлетом "Канада прежде всего, или наша новая нация". Отвергая практику заключения Вашингтонского договора, он утверждал, что отношения различных частей Британской империи должны строиться на принципах равноправия и взаимоуважения. Для достижения этого канадцам, по его мнению, необходимо как можно быстрее развивать собственный национальный дух и чувство патриотизма, дабы на равных разговаривать с англичанами, а "не заглядывать им в глаза подобно маленькому ребёнку в ожидании похвалы родителей"[125].

В 1872 г. произошло ещё одно событие, всколыхнувшее общественную жизнь доминиона. Делегация Канады, состоявшая из официальных лиц и уполномоченных торгово-промышленных кругов, отправилась в США для переговоров об условиях заключения нового "договора взаимности" (так называлось двустороннее таможенное соглашение). На встрече в Сент-Луисе ей долгое время не удавалось найти компромисс с американскими представителями, поскольку те выдвигали обязательным условием заключения договора введение согласованных протекционистских пошлин на товары третьих стран. В случае подписания подобного соглашения на территории Северной Америки образовывалась единая таможенная зона, что неизбежно привело бы к попаданию более слабой экономики доминиона в зависимость от США[126].

После нескольких неудачных попыток договориться с американской стороной на приемлемых для Канады условиях, возглавлявший делегацию лейтенант-губернатор

этими условиями единственного представителя Канады не было принято во внимание британской стороной.

Онтарио Уильям Хоуланд принял решение прервать переговоры. На позицию Хоуланда, безусловно, отразилась его принадлежность к движению "Канада прежде всего". "Вы, американцы, имеете чувство собственного достоинства! Вы ведь ни на что его не променяете?! – С явным вызовом обратился он к своим оппонентам. – Поверьте, мы, канадцы, не меньше гордимся собой и своей независимой нацией и также никому не позволим её притеснить"[127]. И хотя в самой делегации не все поддержали столь резкий выпад, на родине губернатор встретил широкое одобрение со стороны своих соотечественников[128].

С каждым годом идеи канадского национализма приобретали всё новых сторонников. Спустя шесть лет, в 1874 г., численность постоянных членов клуба "Канада прежде всего" превышала 60 человек, среди которых фигурировали известные политики, учёные, государственные служащие, предприниматели, журналисты и адвокаты со всей страны[129]. В том же году, в целях развития и популяризации движения, в Торонто были сформированы две дочерние структуры этой организации: Канадская Национальная Ассоциация и Национальный Клуб, а также стал издаваться ежемесячный журнал "Нэйшн".

К этому времени были определены и задачи на ближайшее будущее, решение которых должно было способствовать развитию в доминионе национального самосознания. Наиболее важными среди них считались: модернизация отношений с метрополией, предполагавшая предоставление Канаде "голоса" в вопросах внешней политики, введение всеобщего избирательного права, реорганизация Сената на основе выборности, создание системы представительства этнических и религиозных меньшинств, установление протекционистских таможенных пошлин, развитие национальной промышленности, проведение прозрачной и экономной социальной политики, поощрение эмиграции, адаптация приезжающих поселенцев и освоение северо-западных территорий[130]. Общую позицию удачно выразил У. Хоуланд: "Сейчас наша основная задача заключается в том, чтобы попытаться устранить противоречия между национальностями, расами, классами и политическими группировками и на почве любви к новой Родине сплотить всех жителей доминиона в одну большую общность – канадскую нацию”[1317].

Несмотря на растущую популярность “Канады прежде всего”, её участники избегали выхода на политическую арену страны и намеренно ограничивали своё поле деятельности митингами и публицистикой. Общее мнение клуба, по сути, было солидарно с позицией У. А. Фостера, изложенной ещё в августе 1867 г. в статье “Партии против принципов”. “За прошедшее время наши политики сказали много слов, но сделали мало дел, - возмущался публицист на страницах газеты “Дэйли Телеграф”. - Теперь федерация создана, и они должны довести начатое до конца. Разве есть место для оппозиции в то время, когда все должны быть заодно”[132]? Отказавшись от участия в политических партиях и парламентских выборах, члены “Канады прежде всего” надеялись решить поставленные задачи путём воздействия на общественное мнение. Они обвиняли и консерваторов, и либералов в политической беспринципности, системе партийного патронажа, коррупции и идейных спекуляциях[133]. При этом критика была обращена не против Вестминстерской модели парламентаризма как таковой, а против её конкретного воплощения на канадской почве. Если же какой-либо участник “Канады прежде всего”, пожелал бы

---

[7] Важно отметить, что. несмотря на риторику равных прав и возможностей, большинство представителей интеллектуальной элиты Канады исключало чернокожее население (как и другие «небелые» расы, а также иудеев) из процесса создания нации, выступая за расовую «чистоту» канадцев. Впрочем, и государственная политика нередко опиралась на расовые предрассудки, лишая или ограничивая так называемое «цветное» население в правах. Подобные взгляды обычно не оговаривались особо, являясь скрытым идейным посылом, что объясняет их редкое упоминание в источниках. Для националистов было характерно, скорее, не провозглашать, а подразумевать невозможность вступления «цветных» в канадскую нацию, объясняя это, в соответствии с господствовавшими расовыми теориями, их недостаточной «цивилизованностью».

принять участие в партийной жизни, он должен был выйти из состава организации, как это сделал, к примеру, в 1873г. в будущем известный деятель либеральной партии Эдвард Блейк.

Однако в период крайнего напряжения политических страстей, резкие заявления "Канады прежде всего" в адрес партийной системы страны многими истолковывалась превратно. Консерваторы видели в недавно созданной организации "ещё один клык в пасти либерального зверя ", а либералы представляли её как пособника американских аннексионистов; при этом и те, и другие обвиняли членов клуба в предательстве государственных интересов и даже симпатиях к коммунистам[134]. "Эти молодые люди из организации "Канада прежде всего", разглагольствующие о будущей независимости доминиона, - писала газета "Глоуб", отражая бытовавшее мнение, - на деле либо изменники, либо беззаботные мечтатели"[135].

Участникам "Канады прежде всего" потребовалось несколько лет активной деятельности, чтобы их основные цели и принципы стали более понятны общественности и получили признание с её стороны. Со временем даже самые ярые противники этой организации, последовательно защищавшие провинциальную автономию как, например, газеты "Глоуб" и "Мэйл", сменили тон своих публикаций с откровенно агрессивного до нейтрального.

Однако во второй половине 1870-х гг. активность клуба начала постепенно угасать. И хотя никакого решения о самороспуске организации официально не принималось, фактически, уже к началу 1880-х гг. не осталось заметных следов её существования. Одним из последних свидетельств деятельности "Канады прежде всего" явилось новогоднее обращение к жителям доминиона в канун 1880 г.[136] Написанное в форме торжественной оды, оно попыталось охватить наиболее актуальные на тот момент вопросы политического развития североамериканской федерации. Как и прежде, главное внимание уделялось развитию канадского национального самосознания, реформированию имперских отношений и преодолению внутренней лингвистической и культурной разнородности. Однако, в этом обращении не нашли выражения те многочисленные практические задачи, решение которых ранее считалось необходимым условием для достижения обозначенных целей. Вместо них основной акцент был сделан на отказе от любых форм колониальных отношений и стремлении к скорейшему предоставлению Канаде полной независимости от Великобритании, что ещё несколько лет назад считалось делом весьма отдалённого будущего[137].

Подобная смена акцентов не могла не броситься в глаза искушённым политикам и публицистам. Идейные противники "Канады прежде всего" восприняли это как свидетельство несостоятельности и слабости движения, которое якобы "так и не смогло чётко сформулировать свои цели и интересы, а также донести их в ясной форме до канадцев"[138].

Но, скорее всего, истинные причины концептуальных противоречий и сворачивания деятельности организации заключались в другом. На момент создания в 1868 г. всем участникам "Канады прежде всего" не исполнилось и тридцати лет. Загоревшиеся идеей сплочения и развития родной страны, молодые люди очень быстро находили единомышленников своего возраста и вели активную общественно-политическую деятельность. Со временем имена этих людей стали известны многим: их статьи печатали ведущие журналы и газеты доминиона, митинги с их участием неизменно собирали значительную аудиторию. Вполне закономерно, что через несколько лет самые активные участники "Канады прежде всего" стали получать предложения занять тот или иной государственный пост или просто доходную должность. Так, например, Генри Морган вошёл в состав секретариата одного из государственных департаментов, Джон Шульц был назначен лейтенант-губернатором Манитобы, а Эдуард Блэйк получил портфель в кабинете А. Макензи. Идейный лидер организации У. Фостер занял должность королевского адвоката и был надолго поглощен делом о банкротстве Центрального банка Канады[139].

Не удивительно, что, находясь на ответственных постах, участники "Канады прежде всего" больше не могли уделять много времени прежней общественной деятельности. Лишившись своих наиболее активных членов, движение стало быстро терять былое единство целей и лозунгов и становилось всё более удобным объектом для критики со стороны различных политических сил. Так если в середине 1870-х гг. в прессе звучали лишь обвинения в абстрактности лозунгов, связанные с трудностью понимания таких терминов как “национальный дух” или “канадианизм”, то уже в начале 1880-х гг. можно было часто встретить указание на то, что “Канада прежде всего” так и не предложила ничего принципиально нового[140].

Упрёки подобного рода отражали, скорее всего, не реальное содержание деятельности клуба, а изменение умонастроений среди самих канадцев. Идея нации, столь активно развивавшаяся “Канадой прежде всего”, получила широкое хождение в Онтарио, а потому больше не воспринимались там как нечто особенное. Но за пределами этого региона доктрина национализма ещё не получила достаточного распространения. С идейно-политической точки зрения, провинции доминиона по-прежнему весьма слабо ощущали свою принадлежность к одной стране, оставаясь замкнутыми на собственных локальных проблемах и интересах. Характерным выражением этого стало так называемое движение за провинциальные права, развернувшееся в 1870–х годах на основе популярной в регионах “теории договора”.

Согласно этой концепции, канадская федерация стала результатом союзного соглашения между равноправными провинциями на вполне определённых условиях, законодательно закреплённых в Акте о Британской Северной Америке. Как следствие, предполагалось, что центральное правительство в Оттаве является лишь выразителем воли создавших его регионов и не может обладать превосходящей их властью[141]. Очень быстро лидером этого движения стала либеральная партия. При этом вектор её целей и действий в каждом регионе был различным в зависимости от наиболее актуальных политических проблем, беспокоивших общественное мнение[142].

Консерваторы же, ещё недавно критиковавшие идеи "Канады прежде всего", теперь сделали национализм своим символом веры и противопоставили "теории договора" концепцию национального государства, в соответствии с которой федерация представлялась как нечто гораздо большее, чем механическая совокупность составлявших её провинций. Центральное место в ней заняло понятие нации, рассматривавшейся в качестве определённой гражданско-культурной общности, охватывающей всё население доминиона. Экономическая платформа партии Джона Макдональда, получившая название "Национальная политика", оказалась выстроенной в духе "канадианизма". "Мы должны сохранить контроль над нашей собственной экономикой, - кратко охарактеризовал её суть в 1877 г. сам Дж. Макдональд. - Мы должны заявить: Канада для канадцев"[143].

В соответствии с этой целью, "Национальная политика" на практике была направлена на решение наиболее актуальных проблем развития хозяйства страны. Прежде всего, предполагалось сформировать общеканадский рынок и стимулировать развитие промышленности путём введения протекционистских таможенных пошлин. Кроме того, имелась острая необходимость создания системы взаимовыгодных многосторонних связей между всеми провинциями федерации. В противном случае, как признавали многие, доминион Канада мог остаться лишь "чисто географическим понятием"[144]. Ключом к достижению этих целей представлялось строительство Тихоокеанской железной дороги.

Необходимость сооружения трансконтинентальной магистрали подкреплялась вполне обоснованными опасениями по поводу мощного влияния США на Северо-западе и в Британской Колумбии, которое могло стать серьёзной угрозой для территориальной целостности Канады. Поток переселенцев из западных штатов и доминирование американских компаний в сфере торговли и транспорта де-факто низводили границу между двумя странами до уровня простой формальности[145]. Осуществление масштабного железнодорожного проекта должно было противостоять опасной тенденции чрезмерного усиления влияния США и стимулировать развитие коммуникаций между канадским Западом и Востоком.

Наличие собственной развитой промышленности и транспортной системы постулировалось как жизненно важное условие существования канадской нации. “Довольно уже американским коммивояжёрам ходить по руинам наших фабрик”, - возмущался современник, описывая печальные итоги конкурентного противостояния компаний двух стран[146]. Таким образом, становление канадского капитализма оказалось тесно связано с идеологией национализма[147]. Убеждённость консерваторов в национальном характере предлагаемых ими мер, стремление всеми силами защитить нацию были настолько близки “канадианизму” “Канады прежде всего”, что отсутствие упоминания о нём в их речах и памфлетах выглядит несколько странно, хотя и объяснимо с точки зрения нежелания связывать свою стратегию влиянием сторонних организаций[148].

На волне дискуссий о предложенных мерах партия Дж. Макдональда пыталась представить себя настоящими патриотами, думающими о будущем Канады, в противоположность, как они утверждали, “беспечным” либералам-фритредерам, чьи действия неотвратимо вели к разрушению экономики доминиона, его политическому распаду и поглощению США[149]. Эта стратегия оказалась настолько удачной, что позволила тори уверенно выиграть выборы 1878 г., несмотря на присутствие в рядах их оппонентов таких известных националистов как Эдуард Блейк и Голдуин Смит.

Либералы по достоинству оценили всю мощь применённого против них идеологического оружия. В преддверии следующих выборов 1882 г. они противопоставили Национальной политике консерваторов свою предвыборную программу под названием “Настоящая национальная политика”,разработанную их лидером Э. Блэйком[150]. Впервые “нация” оказалась одним из центральных понятий в развернувшемся партийно-политическом противоборстве. Сама же идея национализма вышла на новый качественный уровень, фактически став частью политической программы одной из главных партий страны.

К началу 1880-х гг. понятие канадской нации обрело ряд устойчивых и общепринятых характеристик. Географически оно охватывало территорию канадской федерации, включая в себя всё постоянно проживающее там население. Наличие естественных границ в виде Тихого, Атлантического и Северного Ледовитого океанов существенно облегчало задачу территориального самоопределения. Согласно распространённому выражению того времени, новая нация "от моря до моря" должна была утвердиться на политической карте Северной Америки[151].

Выразителем её воли считался орган народного представительства – федеральный парламент и ответственное перед ним правительство, что, несомненно, укрепляло позиции центра в борьбе с провинциальными властями за политическое влияние. Сама же Вестминстерская модель парламентской демократии, заимствованная доминионом у метрополии, восхвалялась как "наиболее мудрая и прогрессивная форма правления", наилучшим образом способствующая процветанию нации[152]. Её успешная адаптация, наряду с происхождением англоканадцев от "великой англо-саксонской расы", признавались основными доказательствами права канадской нации на международное признание (франкоканадское население по-прежнему иначе смотрело на данный вопрос). "Канада и Англия одной крови, у нас общий язык, общие традиции и корни в прошлом и общая цивилизация в настоящем, – наставлял молодых членов либерального клуба Торонто депутат палаты общин Дж. Эдгар. – Но неизбежно наступит день, когда канадцы станут полноправной нацией Земного шара, и тогда Старая Англия будет гордиться своими потомками, а мы будем гордиться своей страной-матерью"[153].

Не менее важным условием для успешного национального развития считалось наличие огромной территории, обширного фонда свободных земель и богатых запасов природных ресурсов, что в перспективе могло обеспечить независимое существование и поступательное развитие страны, создание самодостаточной и конкурентоспособной экономики и боеспособной армии. "Колония размером с империю, имеющая всё необходимое для того, чтобы стать независимой" – охарактеризовал состояние Канады известный историк и публицист Джон Бурино[154].

Экономические показатели развития доминиона также поддерживали самые радужные настроения. К 1878 г., по сравнению с 1851 г., население канадских провинций выросло в два раза (с 2 до 4 млн. человек), государственный бюджет – в двадцать два раза (с 1 до 22 млн. долларов), площадь занятых в сельскохозяйственном обороте земель увеличилась в пять раз (с 32.5 до 162 км$^2$), объём внешней торговли – почти в три раза (с 60 до 175 млн. долларов). Было построено более 11 тыс. км. железных дорог и свыше 6 тыс. морских судов, в том числе несколько сотен современных пароходов[155]. Настал момент, когда концепцию "канадской нации" надлежало превратить в элемент массового сознания или, выражаясь языком того времени, "взрастить национальный дух".

Тем не менее, на этом пути предвиделись и многочисленные трудности. Современники хорошо осознавали, что если гражданскую составляющую канадской нации легко очертить границами доминиона и определить как совокупность всех жителей, постоянно проживающих в его пределах, то чувство духовного единения ещё только предстояло создать[156]. И в этом процессе ключевое значение придавалось развитию канадского историописания и искусства.

Не случайно в 1870-80-е гг. историография доминиона переживала период бурного становления. Канадские историки того времени часто доказывали актуальность написания своих работ необходимостью национальной самоидентификации жителей Канады, создания у них чувства общности[157]. Вполне закономерно, что основным сюжетом исследований стала политическая история британских колоний в Северной Америке, поскольку именно она могла быть наиболее очевидно представлена как общее достояние всех жителей Канады, невзирая на любые лингвистические или культурные различия.

Обыкновенно история Канады через ряд политических событий вписывалась в общую историю Британской империи, а через неё и во всемирный исторический контекст, что с одной стороны, устанавливало её “равноценность” с другими нациями мира, а с другой, определяло границы непосредственно канадской идентичности. В этом отношении показательна “Краткая история доминиона Канада” Чарльза Таттла, в которой изложение событий начинается с открытия Колумбом Нового света, продолжается главами о политическом развитии Великобритании в XVIII столетии и о Войне за независимость её тринадцати американских колоний, а основная часть посвящена развитию канадских провинций в XVIII и XIX вв.[158]

Несмотря на то, что сам феномен “нации” ещё не стал предметом научного исследования, это понятие нередко использовалось в исторических работах того времени. Его применение к прошлому Британской Северной Америки утверждало канадский национализм в ретроспективе, распространяло на те исторические эпохи, когда он ещё фактически отсутствовал как явление в общественно-политической жизни. Показательно, что Джеймс Уотсон отнёс момент зарождения канадской нации ко времени Войны за независимость североамериканских колоний[159], а его коллега доктор Малвани устанавливал прямую историческую преемственность между сменявшими друг друга “французской колонией Квебек, английским флагом с красным крестом и новой канадской нацией”[160].

Само появление многочисленных работ, посвящённых историческому развитию Канады как единого целого (не отдельных провинций или колоний европейских империй), впоследствии превратившегося в молодую нацию, демонстрировало тесную связь исторической и национальной самоидентификации[161].

Развитие художественной литературы и искусства в Канаде также считалось необходимым условием формирования “национального духа”. “Только после того, как появиться канадская литература, - писал известный публицист Дж. Коллинз, - возможно интенсивное развитие канадской нации, только она смоет с нас клеймо колониализма"[162]. Как и исторические исследования, она служила весьма эффективным инструментом преодоления настроений локальности и воспитания у жителей доминиона любви, преданности и сопричастности к канадской Родине, или, как её уже тогда начали называть, "земле" или "почве"[163]. Не удивительно, что в прозаических произведениях 1860–70-х гг. большое внимание уделялось наиболее общепризнанному национальному достоянию (независимо от места жительства, религии, языка и политических убеждений любого канадца) – природе[164].

Ещё большее распространение воспевание красот родной природы получило в поэтическом творчестве. Этой теме посвящали целые сборники стихов не только профессиональные поэты вроде Дж. Листона, которого природа Британской Северной Америки вдохновила на целый цикл стихов в четырёх книгах под названием "Поэзия доминиона Канада", но и известные политики, в ряду которых можно было найти министра образования П. Шаву и государственного секретаря по делам провинций Дж. Хау[165].

Наряду с литературой немалый вклад в развитие канадской культурной традиции внесло и искусство. Только активное художественное творчество жителей доминиона придавало понятию "нация" зримое и осязаемое воплощение в образах, символах и ценностях. А они, в свою очередь, также служили основой для появления в Канаде чувства национальной гордости, которое, как заметил генерал-губернатор Джон Сазерленд-Кэмпбелл, "наряду с национальным духом скрепляет невидимыми нитями единство любой страны"[166]. И если историография в этом процессе выполняла функцию "корней" канадской нации в прошлом, то литературе и искусству отводилась роль "души" в настоящем.

Итак, за прошедшие после основания доминиона годы содержание понятия "нация" претерпело существенные изменения. Его смысловое наполнение, развиваясь от юридического термина, обозначавшего суверенное государство в системе международных отношений, эволюционировало до политической идеи, включавшей в себя представление о гражданском, территориальном, культурном, а, в конечном счёте, духовном единстве населения Канады.

Этот процесс, являвшийся отражением развития канадской общественно-политической мысли, в середине 1880-х гг. подходил к завершению. Основные понятия принимали то смысловое содержание, которое они сохраняли на протяжении последующих десятилетий. И хотя концепция канадской нации пока оставалась достоянием, прежде всего, интеллектуальной элиты, общая направленность политического, экономического и социокультурного развития доминиона открывала широкие перспективы для дальнейшего роста её влияния.

## § 2. Роль имперских отношений в развитии представлений о национальной идентичности.

Одна из ключевых особенностей становления самосознания канадской нации заключалась в том, что вопрос о её самоопределении изначально решался в процессе эволюционных преобразований. Колониальные революции и войны за независимость, столь характерные для ранних этапов развития государственности многих стран американского континента, не сотрясали общественно-политическую жизнь канадских провинций. Драматичный опыт распада испанской и португальской империй Нового Света имел мало общего с судьбой заатлантических владений британской короны в XIX в. За исключением непродолжительного и ограниченного по масштабу восстания 1837 г., интересы поселенцев не вступали в прямое столкновение с политикой метрополии. В результате Великобритания не только не потеряла авторитет "страны-матери" в глазах англоязычных канадцев, но и предоставлением сначала широкого самоуправления отдельным колониям, а затем содействием образованию дееспособной федерации продемонстрировала потенциальную открытость для дальнейшего сотрудничества[8].

Не удивительно, что идеология национализма оказалась тесно связана с изменением характера взаимоотношений доминиона и "страны-матери" в рамках Британской империи. Формирование собственной национальной идентичности Канада должна была начинать не традиционным для Европы и Америки методом противопоставления культурно подавляющей силе метрополии или внешнего врага[167], а путём развития колониального самосознания разрозненных провинций до уровня полноценной и полноправной нации в составе империи. На этом фоне традиционное представление о "расовом" – культурно-историческом – единстве англосаксов продолжало не просто укрепляться, но и становилось составной частью национальной идентичности. Как и прежде, канадцы считали себя подданными Её величества, а перспективы дальнейшего развития Британской империи интересовали политиков и публицистов Оттавы и Торонто не меньше, чем их коллег в Лондоне[168]. Неудивительно, что тиражи литературных произведений, посвящённых данной тематике, быстро пошли вверх. Согласно подсчётам канадского историка Дж. Джордана, будучи совсем незначительными ещё в конце 1860-х годов, они стремительно выросли к началу 1880-х и превзошли общее

---

[8] Немаловажное значение для сохранения лоялистских настроений имел тот факт, что общественно-политическая жизнь доминиона, за исключением Квебека, контролировалась англоязычными канадцами, испытывавшими привязанность к метрополии. В отличие от, например, США, в Канаде немногочисленные иммигранты небританского происхождения не имели влияния на идейную атмосферу в стране, а потому не формировали протестных настроений по отношению к империи и короне.

количество публикаций на религиозную тему, уступая по популярности лишь новеллистике[169].

По мере того как уходили в прошлое трудности первых лет существования канадской федерации, появлялся повод с оптимизмом смотреть в будущее. "С момента образования союза доминион стремительно прогрессирует, - не без гордости заявлял член палаты общин А. Драммонд, - национальный дух вырос, люди проснулись и поняли, что у них есть своя страна, собственные цели и интересы, взаимосвязи с метрополией и другими колониями империи, а также с иностранными государствами"[170]. Ему вторили издатели литературно-публицистического журнала "Кэнейдиэн Мансли". "Час Канады уже близок, - с уверенностью провозглашали они со страниц первого номера в мае 1872 г. - теперь мы должны быть готовы с честью и достоинством предстать перед лицом всего мира"[171].

Невооружённым взглядом было заметно, что доминион занял особое – не имеющее в Британской империи аналогов – положение. Это предоставляло недавно образованной стране удобную возможность как для самоутверждения, так и для повышения своего авторитета в глазах британской политической элиты. "Позиция, которую занимает Канада, находясь одной ногой на побережье Атлантического океана, а другой – Тихого, с её огромными запасами серебра, золота и других полезных ископаемых, уникальна, - говорилось в одной из резолюций Национальной торговой палаты в 1870 г., - и ни одна другая нация не может сравниться с ней"[172]. Возрастание потенциала давало основание надеяться не только на увеличение роли доминиона в качестве торгового партнёра Великобритании, но и на обретение им большей значимости во внутриимперских отношениях.

Согласно набиравшим силу представлениям, в ближайшем будущем Канада должна была стать равноправным партнёром Великобритании, способным добиться от неё учёта своих внешнеполитических интересов. "Канада – не простое владение империи, - выражал популярную точку зрения премьер-министр Джон Макдональд, - её правительство даже более ответственно за поддержание отношений с США, чем само английское правительство…Канада стала опекуном империи в Северной Америке, а это требует разработки общей политики и самого откровенного обмена мнениями"[173].

Перемены, происходившие в имперских отношениях, начали привлекать к себе внимание и в метрополии. "Совсем недавно никто в Великобритании кроме, пожалуй, пары чиновников и дипломатов, даже ничего не знал про Канаду, - начинал свой доклад на заседании Королевского колониального института секретарь палаты общин федерального парламента Дж. Бурино, - но теперь всё обстоит совсем иначе! Теперь внимание многих политиков и публицистов Англии просто приковано к её главнейшей колонии"[174]. Подобные наблюдения приводили канадцев к выводу о возросшей значимости своей "малой родины" и необходимости задуматься о способах воплощения этой тенденции в практике взаимоотношений метрополии и автономий.

Главная проблема имперских отношений состояла в том, каким образом сохранить политическое единство Великобритании и самоуправляющихся колоний при неуклонном стремлении последних к самостоятельности[175]. Задача реализации собственного материального и духовного потенциала посредством новых форм имперского сотрудничества приобретала для всех автономий – и особенно для Канады как старшей из них – растущую актуальность. Однако, со временем становилось всё определённее, что в рамках действующей организации этого сделать в полной мере не удастся.

Современники с сожалением отмечали, что имперские отношения давно уже отстали от жизни. Обладая весьма широкой автономией во внутренних делах, североамериканская федерация постепенно теряла связь со "страной-матерью" в области практического взаимодействия. Их сосуществование в рамках одной империи становилось, скорее, похоже на некую традицию или форму выражения лояльности общей правящей династии, нежели на факт реальной политики[176]. По мнению очевидцев, доминион с каждым годом неуклонно двигался в сторону полной государственной независимости, а сама империя шла по пути распада[177].

Развернувшаяся по всей “белой” империи, начиная с 1870-х годов, дискуссия по поводу её дальнейшей эволюции, казалось, подтверждала худшие опасения. События, связанные с заключением Вашингтонского договора, и относительно безразличная реакция Великобритании на введение в 1879 г. правительством Дж. Макдональда протекционистских таможенных пошлин (при сохранении Лондоном приверженности политике фритреда) также наталкивали многих канадцев на мысль, что метрополия сознательно идёт на ослабление имперских связей и им нужно быть готовыми к защите своих интересов без помощи “страны-матери”. Как прагматично заметил один из известных публицистов того времени Николас Дэйвин, “несколько миллионов жителей богатейшей страны мира” не могут бесконечно надеяться на “кого-либо ещё, кроме самих себя”[178].

К началу 1880-х гг. в Канаде широко распространилось мнение, что дальнейшая консервация имперских отношений неизбежно приведёт к её постепенному превращению в независимое государство. Таким образом доминион, по мере накопления сил для самостоятельного существования, мог повторить судьбу США, но мирным способом[179]. В сознании жителей Канады крепла уверенность, что их стране будет вполне по силам пойти отдельной от метрополии дорогой, если та и дальше будет игнорировать её стремление к формированию более равноправных и взаимовыгодных отношений внутри “белой” империи[180].

Неудовлетворённость текущим положением дел была особенно заметна в вопросах международных отношений. Подобно другим автономным колониям, доминион не имел права самостоятельно заключать международные договоры, иметь своих представителей в других странах и вообще как-либо влиять на внешнюю политику метрополии. Красноречивым тому подтверждением явился подписанный в 1871 г. Вашингтонский договор. Не удивительно, что канадцев тревожила возможность повторения подобной практики[181]. Некоторые политики и публицисты в пылу полемики прямо обвиняли Великобританию в том, что она ради достижения собственных целей может пожертвовать не только территориальными, но и экономическими интересами своей автономии. “Статус Канады лишает её возможности поиска новых рынков! – писал с негодованием известный публицист Уильям Норрис. - Наша метрополия сама является торгующей и производящей нацией. Чтобы поддерживать свой собственный народ, она должна каждый год продавать определённое количество товаров. Разве можно ожидать, что Великобритания будет помогать своему сопернику в торговле? Как она может содействовать нам в открытии внешних рынков, когда сама с трудом находит покупателей для своей продукции?”[182] И даже если подобные опасения были преувеличены, вопрос о международной правоспособности Канады становился всё более актуальным.

Одновременно в канадских общественных кругах постоянно говорилось о военной угрозе, которую создаёт активная внешняя политика метрополии. Особенно обращалось внимание на то обстоятельство, что в случае войны Великобритании с одной из европейских держав, Канада рискует оказаться полем боя враждующих сторон, как это было в XVIII веке; при том сама североамериканская федерация не получила бы от такой войны “ни славы ни прибыли”[183]. Сам факт, что доминион, вопреки его воле и интересам, мог быть втянут в одну из имперских войн, противоречил стремлению канадцев к равноправному сотрудничеству со “страной-матерью”. По мере роста самостоятельности автономии, распространялось убеждение, что она должна получить возможность влиять на общей курс имперской внешней политики[184]. В противном случае складывалась аномальная ситуация, при которой подданные английской короны, принадлежащие к англо-саксонской “расе”, имели разные права только в силу географии своего проживания.

Ещё одним следствием неудовлетворительного состояния отношений доминиона и метрополии являлось отсутствие у Оттавы возможности эффективно предоставлять статус британского подданства заинтересованным в натурализации иммигрантам[9]. В результате многие из них долгое время не могли вести полноценную гражданскую жизнь в Британской Северной Америке, хотя де-факто уже лишились своего прежнего гражданства. Такая ситуация существенно отклоняла эмиграционный поток от Канады в сторону США, а значит осложняла заселение пустовавших западных и северо-западных территорий и обостряла проблему нехватки рабочих рук. Масштаб проблемы легко понять, если учесть, что по данным переписи 1871 г. население доминиона составляло чуть больше 3.5 млн. человек, из которых на огромной территории западнее Великих озёр проживало лишь около 158 тыс. человек[185].

Не меньшее беспокойство вызывал и факт неуклонного снижения доли Великобритании в экономической жизни Канады. Объёмы торговли падали стремительными темпами. Только с 1872 г. по 1877 г. ввоз товаров из метрополии сократился с 68.5 млн. долл. до 39.5 млн. долл.[186] И хотя удельный вес английского капитала и товаров на рынке доминиона по-прежнему оставалось весьма значительным, тенденция его сокращения казалась тревожной с точки зрения сохранения имперского единства. Главная причина заключалась в том, что вытесняемые с канадского рынка британские товары замещались не столько продукцией

[9] Согласно действовавшему законодательству, иностранец, желавший получить британское подданство, должен был составить заявление по определённой форме, заверить его в органах власти по месту проживания с привлечением не менее чем четырёх поручителей (для поручительства имелся имущественный ценз), затем отправить прошение на имя главы любого министерства Великобритании, либо премьер-министра. В случае положительного ответа требовалось обратиться в органы местной власти для оформления документов (Howell A. Naturalization and nationality in Canada. Toronto. 1884. P. 117-119.). В Канаде огромные расстояния и слаборазвитая инфраструктура чрезвычайно затягивали этот и без того забюрократизированный процесс.

собственного производства, сколько импортом из США. За тот же период 1872-1877 гг. последний вырос с 47.7 млн. долл. до 51.3 млн. долл. год, превзойдя тем самым показатели метрополии[187].

Учитывая слабость собственной промышленности, Канада могла оказаться в состоянии зависимости от экономики США, что, в итоге, не замедлило бы обернуться и политическими последствиями. В соседней республике за последние годы всё ещё не расстались с идеей присоединения Британской Северной Америки, первым шагом к чему, по мнению многих канадцев, могло стать слияние экономических систем двух стран[188]. Единственной гарантией против подобной перспективы считалось сохранение мощного английского присутствия.

Несмотря на активное обсуждение в североамериканском доминионе и других автономиях проблем отношений с метрополией, не наблюдалось никаких признаков того, что Лондон собирается в ближайшем будущем ставить вопрос о реформировании имперской организации. При этом в самой Канаде положение дел многим казалось всё более ненормальным и даже опасным. Недовольство существовавшим порядком вещей нарастало. "Люди с каждым днём всё яснее понимают, что это не может длиться вечно, - заявлял член палаты общин Грэнвилль Канингхэм. - Положение нашей страны, характеризующееся безропотным подчинением властям метрополии, больше подходит для маленькой колонии, а не для огромного доминиона, который в недалёком будущем станет великой нацией"[189].

В самой Великобритании ещё с конца 1860-х гг. всё чаще звучали опасения, что продолжение политики "добровольных уз" по отношению к "белым" заокеанским владениям короны неизбежно приведёт их к скорой потере былых связей с метрополией, а затем и к независимости[190]. В противовес центробежным тенденциям предлагался проект переустройства империи на новых принципах, который получил популярность с начала 1870-х гг. и был известен как план имперской федерации. В его основе лежала мысль о том, что в целях сохранения и укрепления имперской структуры необходимо создать эффективный механизм взаимодействия метрополии и самоуправляющихся колоний, который бы позволил сплотить их на почве обоюдных интересов.

В общих чертах имперская федерация представлялась в качестве триединого союза: политического, экономического и военного, опиравшегося на культурно-историческое единство англо-саксонской “расы”. В конкретных авторских проектах тот или иной аспект мог выдвигаться на первый план, но неизменной оставалась центральная идея о том, что действия метрополии впредь должны будут согласовываться с позицией автономных колоний. Главная цель создания такой федерации заключалась в объединении сил и ресурсов всей империи в единый политический организм – сверхдержаву, сопричастность к которой дала бы автономиям, в том числе и Канаде, шанс оказывать определяющее влияние на ход мировых событий[191].

Политический аспект переустройства Британской империи, как следовало из самого названия плана, заключался в её трансформации на федеративных началах взамен прежней концентрации всей полноты власти в руках британского истеблишмента. Таким образом, под сомнение ставился основной принцип традиционной имперской организации: отношения господства-подчинения между метрополией и колониями. Подобные реформы представлялись канадцам наиболее адекватным способом получения самоуправляющимися колониями “права голоса” для защиты своих интересов, воплощая их возросшую самостоятельность и национальную гордость[192].

Федерация, по утверждению её идеологов, должна была обеспечить жителям доминиона такое же право влиять на решение вопросов общеимперской значимости, какое имели их сограждане в Великобритании. Вместе с тем она распределяла ответственность за судьбу империи между всеми её субъектами соразмерно их потенциалу, что, несомненно послужило бы мощным объединяющим фактором. При этой новой форме взаимодействия Канада становилась одной из важнейших частей предполагавшегося союза, выполняя функцию своеобразного политического и географического “моста” через американский континент, который связывал бы его европейскую и австрало-азиатскую часть[193].

Практическое воплощение вышеозначенных замыслов требовало рассмотрения вопроса об имперских органах управления, в которых представители автономий могли бы выражать своё мнение и согласовывать его с метрополией. Имелось две основных точки зрения на их возможное практическое воплощение. Сторонники первой полагали, что делегаты автономий будут заседать в самом английском парламенте подобно тому, как это делают представители Шотландии и Ирландии[194]. Однако, эта идея подвергалась серьёзной критике и не получила широкого распространения, поскольку считалось, что попытка её осуществления угрожала нарушить не только устоявшийся механизм двухпартийной системы, но даже вызвать перебои в работе Вестминстерской модели организации публичной власти. К тому же многие сомневались, что английские политики допустят в свой парламент представителей от колоний.

Выразители второго мнения доказывали необходимость создания специального имперского парламента (отличного от того, что заседал в Вестминстере), в который Англия, Шотландия, Ирландия и “белые” колонии могли бы делегировать представителей соразмерно численности их населения[195]. Отсутствие в политической практике Великобритании подобного учреждения одновременно было и главным преимуществом, и главным недостатком этого проекта: при всех его потенциально широких возможностях, введение подобных масштабных новшеств в английскую конституцию выглядело крайне проблематичным. Кроме того, возникал вопрос о финансовом участии автономий в общеимперских затратах. По справедливому замечанию Дж. Макдональда, создание объединённого имперского парламента, как, впрочем, и допуск депутатов от автономий в английский парламент, сразу потребовало бы перераспределения общеимперских расходов пропорционально представительству[196]. Тогда бы автономным колониям пришлось взять на себя существенную долю денежных затрат на функционирование имперской организации, от чего они были до сих пор освобождены метрополией.

В качестве альтернативы парламенту предлагалось образовать совещательный совет, в котором уполномоченные представители метрополии и автономий на совместных регулярных заседаниях должны были решать общеимперские проблемы путём открытого обмена мнениями[197]. Такой вариант казался наиболее приемлемым и был весьма популярен. “Цветные” колонии в этих планах, как правило, лишались всякой возможности влияния на имперские дела.

Экономической основой нового федеративного объединения должен был стать таможенный союз, который заключался в сочетании высоких общеимперских ввозных пошлин на товары третьих стран с хозяйственной специализацией каждой части империи. Предполагалось, что Канада будет ориентироваться на развитие лесной индустрии и производство продуктов питания, прежде всего зерновых, и сбывать свою продукцию на английском рынке. В свою очередь метрополия должна была удовлетворять спрос канадских потребителей на высокотехнологичные промышленные изделия[198]. Поскольку в Британской империи производился широчайший спектр различной продукции, имели хождение даже планы перехода на полное самообеспечение, что способствовало бы её процветанию в мирное время и обезопасило в случае войны[199].

Таможенный союз мог создать практическую основу для выхода отношений метрополии и автономий на качественно новый – партнёрский – уровень сотрудничества, а хозяйственная специализация ещё теснее связала бы их друг с другом. Как и в случае с недавно образовавшейся Германской империей, общность экономических интересов часто рассматривалась в канадских общественно-политических кругах в качестве средства укрепления политического единства всех частей Великой Британии. Прусский опыт объединения казался настолько удачным, что понятие “Zollverein” (таможенный союз) прочно закрепилось на страницах периодических изданий и в политических выступлених[200].

В представлении сторонников имперского реформирования, экономические и политические нововведения должны были дополняться и постоянной координацией военных усилий. Как в метрополии, так и в автономных колониях ощущалась обеспокоенность отсутствием единой имперской армии. Более того, не существовало даже примерных планов совместных действий на случай большой войны, не говоря уже о системе общеимперской обороны[201].

Поскольку Великобритания с 1869 г. взяла курс на выведение своих воинских контингентов с территорий самоуправляющихся колоний[10], то одной из актуальных проблем новообразованной федерации оказалось создание боеспособной армии для защиты собственной территории. В этой связи многие канадские журналисты и публицисты старались доказать, что метрополия не меньше своей автономной колонии заинтересована в скорейшем укреплении ныне неприкрытых заокеанских границ империи, поскольку уязвимость одной её части закономерно ведёт к ослаблению безопасности всех остальных[202].

И исторический опыт, и текущая международная обстановка только добавляли причин для беспокойства. Традиционно агрессивная внешняя политика Соединённых Штатов на американском континенте порождала у канадцев чувство угрозы со стороны соседней республики[203]. Впрочем, и глобальная политика Великобритании не отличалась миролюбием, и могла в любое время обернуться вооружённым конфликтом. По мнению многих публицистов, Канада была совершенно беззащитна не только в случае войны с США, но и с любым другим серьёзным противником из числа европейских государств – возможных врагов метрополии, поскольку её собственные вооружённые силы не могли защитить основные стратегические пункты и города страны[204]. Отсюда делался вывод о высокой

---

[10] После 1871 г. на территории Канады британские гарнизоны остались только в Галифаксе и Эскимо.

заинтересованности доминиона в создании общеимперской скоординированной системы обороны, в которой он смог бы занять достойное место регионального звена[205].

Несмотря на активные усилия своих адептов, на протяжении 1870-х годов идея имперской федерации продолжала оставаться лишь амбициозным проектом, весьма далёким от своего практического воплощения. Даже многие сторонники имперского единства высказывали опасения, что подобные планы никогда не смогут быть претворены в жизнь в силу уже слишком большого расхождения между интересами отдельных частей[206].

Полагая, что закономерным итогом исторического развития любой империи является рост самостоятельности её колоний, скептически настроенные политики и публицисты призывали не пытаться повернуть время вспять попытками теоретизирования на тему масштабных конституционных реформ. Вместо этого они предлагали начать возведение новых форм взаимоотношений метрополии и автономий на основе конкретных практических интересов каждой “нации”, в которых Великобритания могла бы выступать в роли “не родителя, но брата”[207].

Весьма удобным поводом для сближения Канады и Великобритании считалось строительство Тихоокеанской железной дороги. Поскольку доминиону оказалось явно не под силу самостоятельно профинансировать и осуществить данный проект, то привлечение британского капитала было неизбежным. Согласно широко распространившемуся мнению, эта трансконтинентальная магистраль, связывавшая берега Атлантического и Тихого океана, отвечала самым насущным потребностям не только Канады, но и всей империи[208]. По этой причине Великобритания была заинтересована взять на себя часть затрат на её сооружение дабы в дальнейшем, на правах одного из собственников, использовать эту дорогу для своих торговых или военных нужд. Впрочем, и другие канадские железные дороги, порты, склады и ремонтные мастерские были потенциально открыты для использования в любых военных операциях Великобритании. Требовалось лишь поддерживать их в состоянии повышенной готовности, что могло стать сферой общей ответственности метрополии и её североамериканской автономии[209].

Другим эффективным средством налаживания внутриимперского сотрудничества в области обороны считалось проведение совместных боевых операций с участием канадских и британских подразделений, как это было, к примеру, во время Крымской войны, а также открытие военных учебных заведений, подобных Кингстонскому колледжу, в которых опыт британской армии мог бы передаваться её североамериканским союзникам[210]. Таким способом метрополия могла достичь двойного эффекта: уменьшения собственных военных расходов и улучшения качества подготовки вооружённых сил доминиона.

Обладая крайне высокой степенью популярности, идея имперского единства находила активных сторонников в рядах как консервативной, так и либеральной партии. Однако, было бы ошибкой полагать, что все политики и публицисты Канады были единодушны относительно необходимости каких-либо радикальных перемен во внутриимперских отношениях. Многие были убеждены в том, что, даже если интересы Великобритании и её автономных колоний и не удастся привести к общему знаменателю, это не станет политической катастрофой, ибо их ещё долгое время будет удерживать вместе чувство культурной общности и исторического родства англо-саксонской “расы”[211]. Причём такое единство, построенное на духовной близости, могло оказаться прочнее любых федеративных структур, если бы Великобритания и все её автономные колонии задались целью его сохранения[212].

Вместе с тем, идея укрепления имперских связей имела и своих противников. Среди канадских националистов уже появились люди, считавшие тесные связи доминиона с метрополией помехой развитию канадской самобытности. Некоторые из них видели главной целью развития североамериканской федерации на ближайшие десятилетия неуклонное движение в сторону независимого национального государства. На этом пути дополнительные обязательства по отношению к империи могли стать лишь ненужным бременем, отвлекающем канадцев от главной цели[213]. Другие же предлагали более мягкий вариант в виде сохранения текущих связей с Великобританией до тех пор, пока они могут соответствовать жизненным реалиям. Вслед за их органичным отмиранием должен был наступить период плавного вхождения Канады в число суверенных государств Земного шара[214]. Но в обоих случаях канадская независимость имела приоритетное значение над имперскими узами.

Одним из первых националистов, рассуждавших с антиимперских позиций, был известный журналист и публицист Голдуин Смит[11]. Выходец из Великобритании он ещё во время проживания у себя на родине снискал репутацию убеждённого либерала в политике, сторонника манчестерской школы в экономике и апологета концепции “малой Англии” в имперских отношениях. Уже в начале 1860-х годов Г. Смит в своих журнальных публикациях ставил вопрос о предоставлении Канаде полной независимости, поскольку, согласно его мнению, республиканский и демократичный дух жителей Северной Америки был несовместим с господством аристократии, диктатом церкви и империализмом Старого света[215].

Воодушевлённый созданием канадской федерации, Г. Смит в 1871 г. переехал на постоянное жительство в Торонто. Здесь он сразу же включился в активную общественную деятельность, имея своей целью приближение того дня, когда Канада станет ещё одной независимой нацией Нового света[216]. Незаурядный ум, прекрасные ораторские способности и литературный талант быстро сделали его известным в общественно-политических кругах доминиона.

---

[11] Г. Смит родился в 1823 г. в Англии, в городке Ридинг, графство Беркшир. Учился в Итоне и колледже Марии Магдалены, затем на историческом факультете в Оксфорде. В 1840-х гг. занимался частной адвокатской практикой, одновременно читал лекции по новой истории в Оксфордском университете. В 1850-х гг. стал активно проявлять себя на поприще политики и журналистики.

В это же время он вступил в организацию “Канада прежде всего”, в рамках деятельности которой читал публичные лекции по истории североамериканских колоний Великобритании, редактировал газету “Нэйшн”, а вскоре стал одним из главных инициаторов создания и первым президентом Национального клуба в Торонто[217]. Тогда Г. Смит видел своей главной задачей развитие национального самосознания в Канаде. Только этот путь, по его мнению, мог привести канадцев к скорейшему пониманию необходимости выхода из состава империи и укрепления собственной государственности.

Обращаясь к вопросу о перспективах развития Канады, публицист не раз подчёркивал, что она была основана “на совершенно новом месте”, вдали от европейских центров цивилизации, а потому начинает свою жизнь как бы “с чистого листа”, самостоятельно выбирая собственное будущее. “Что консерваторы собрались “законсервировать” в этой молодой стране?” – иронично замечал он в одной из своих статей[218]. Исходя из этого, Смит призывал канадцев не относится к имперским связям как к чему-то само собой разумеющемуся, а трезво оценить все плюсы и минусы отношений, сложившихся у доминиона с метрополией и другими автономными колониями, и на этой основе хладнокровно вынести решение об их практической значимости[219].

Анализируя текущее состояние дел в Британской империи, этот сторонник канадского национализма отмечал, что в области реальной политики весьма сложно найти объективные причины для сохранения прежних связей различных её частей. Он полностью разделял теорию Адама Смита и считал вслед за ним, что ходом исторического процесса управляют, прежде всего, “законы производства и перераспределения благ”. В случае же Канады, Г. Смит не находил ничего, что связывало бы её с Великобританией, кроме чувства культурной близости и общего прошлого. Однако, по его глубокому убеждению, эти чувства никак не могли быть достаточной основой сохранения такого политического института как империя[220].

В своих рассуждениях публицист обнаруживал многочисленные препятствия для тесного взаимодействия метрополии и автономных колоний. Среди них он называл:

- Огромные расстояния, которые "невозможно существенно сократить даже с помощью телеграфа и парового двигателя".

- Несовпадение практических интересов составных частей империи, происходящее как от их географической удалённости, так и от разницы в уровне развития.

- Уже наметившиеся и всё углублявшиеся различия в общественно-политической организации, выражавшиеся, в частности, в несовпадении роли аристократии и англиканской церкви по разные стороны Атлантики.

- Мощное воздействие геополитического фактора (как, например, влияние США на Канаду или стран азиатского континента на Австралию)[221].

Исходя из этого, Г. Смит делал вывод, что сохранение имперских связей обусловлено не столько практической необходимостью, сколько корыстными интересами отдельных общественных групп, заботящихся только о своём благе и не думающих об интересах страны в целом. К их числу он относил:

- Канадское духовенство, аристократию и офицерский корпус, которые видели в метрополии защитника своих прав и привилегий.

- Недавних английских эмигрантов, ещё питавшихся большую привязанность к своей прежней стране проживания и не чувствовавших себя канадцами.

- Оранжистов и лоялистов, которые предпочитали грезить о славе империи вместо того, чтобы испытывать гордость за свою настоящую родину[12].

[12] Под "оранжизмом" в рассматриваемую эпоху понимались проявления крайних форм британского империализма, обычно называемые в русском языке шовинизмом. В качестве синонима этого слова также могло употребляться понятие "джингоизма", сходное по значению с русскоязычным "ура-патриотизмом".

- Политиков, опасавшихся потерять хотя бы часть своей власти в случае радикальных перемен[222].

Таким образом, публицист приходил к заключению, что истинные причины распространения империализма на канадской почве заметно расходятся с теми, что провозглашаются сторонниками укрепления имперского единства. Поэтому Г. Смит называл планы укрепления Британской империи не иначе как “призраком”, который “всё преследует Канаду, словно на огромном спиритическом сеансе, устроенном джингоистами и оранжистами”[223]. Он неустанно доказывал, что интересы метрополии и самоуправляющихся колоний уже настолько индивидуальны, что не существует никакой реальной возможности согласовать их в рамках любых общеимперских институтов. Первый же конфликт между политическими элитами метрополии и любой из колоний по вопросу общего “кошелька”, не оставил бы, по мнению публициста, “камня на камне от этой грандиозной махины”[224].

Поскольку полная независимость доминиона от метрополии представлялась Г. Смиту единственно возможным итогом его развития, он убеждал канадцев не увлекаться мечтами об имперском величии, а сосредоточится на таких наиболее актуальных проблемах развития своей страны, как строительство железнодорожных магистралей и освоение западных территорий. Публицист был убеждён, что все империи обречены стать достоянием истории, а будущее принадлежит демократическим сообществам, подобным американской или канадской нации[225].

Как и на родине, в Великобритании, главными идейными противниками Г. Смита являлись сторонники консервативной партии. Принадлежавшая им газета “Глоуб” не раз подвергала публициста жёсткой критике, что вынудило его заняться поддержкой либеральной прессы. В 1872 г. этот деятель вошёл в число главных соучредителей нового ежемесячного журнала “Кэнэйдиэн мансли энд нэйшнэл ревью”, а через несколько лет оказал очень важную финансовую поддержку находившимся в процессе становления торонтским газетам “Мэйл” и “Телегрэм”, потратив на это большую часть своего состояния[226].

Проработав в них несколько лет, Смит в одиночку создал журнал "Байстэндэр", ориентированный на рассмотрение наиболее актуальных проблем политического развития доминиона. В итоге, к началу 1880-х гг. он стал весьма заметной личностью в общественно-политических кругах доминиона. И хотя этот публицист имел поначалу немного сторонников в английской Канаде, его выступления и публикации неизменно вызывали широкий общественный резонанс.

Однако в Квебеке взгляды, созвучные точке зрения Г. Смита, были не редкостью. Франкоязычные политики и публицисты, как правило, не предавали вопросам внутриимперских отношений столько значения, сколько их англоговорящие соседи. Метрополия не могла привлекать их ни исторической, ни культурной близостью. В силу этого основное внимание квебекской общественности оказалось сосредоточено на таких вопросах внутренней жизни доминиона и, прежде всего, собственной провинции, как развитие инфраструктуры, промышленности и решение языковых и религиозных проблем[227]. Подавляющее большинство франкоканадцев считало пребывание доминиона в составе империи сугубо временным явлением и не стремилось устанавливать с ней более тесные связи, чем те, что уже существовали.

Постоянно подвергаясь мощному политическому и культурному давлению со стороны англосаксов, они питали негативное отношение к любым формам проявления британского влияния. Несмотря на формально установленный в конституции государственный статус французского языка и провозглашенную свободу совести, Квебек оставался единственной провинцией доминиона, где франкоязычные жители могли пользоваться всей полнотой гражданских прав и свобод. Обитатели Нижней Канады уже более ста лет оставались "народом побеждённых" в окружении "народа победителей", и Британская империя, несомненно, была главным фактором, который обусловливал невозможность радикальных перемен[228].

В то же время в Квебеке широко бытовало мнение, что на данный момент британское господство является наименьшим из всех возможных зол, и ему попросту не остаётся ничего иного в условиях слаборазвитой экономики и низкого уровня образования, как оставаться под властью английской короны[229]. Франкоязычная провинция ещё даже чисто теоретически явно была не готова для независимого государственного существования, к которому не раз призывали её наиболее радикальные политики.

В этих условиях значительная самостоятельность Нижней Канады как субъекта федерации позволяла квебекцам сохранять у себя на родине собственный язык, религию и историческое наследие. "Весь мир свидетель, что мы уже долгое время живём под властью такой колониальной формы правления, которая для многих других стран могла бы показаться и вовсе независимостью! – заявлял в одной из своих речей секретарь законодательной ассамблеи Квебека Ж. Бланше. – Давайте же пользоваться этим выгодным положением! Давайте запускать в дело развития промышленности все наши огромные ресурсы, осваивать бескрайние просторы наших земель и расширять нашу торговлю! Давайте в полной мере использовать всю безграничную энергию и талант наших людей"[230]. В свою очередь, широкая автономия самой Канады в составе империи давала надежду на появление в будущем новой североамериканской нации, основанной на подлинном равенстве её "английской" и "французской" частей[231].

Растущая популярность проимперских идей в английской Канаде не могла остаться незамеченной в Квебеке. Планы переустройства империи встречали полное непонимание среди франкоканадцев. В их видении будущего Канады не было места политическому влиянию Британской империи и каким-либо формам наднационального управления, подобным общеимперскому парламенту или совещательному совету. Политики Нижней Канады сетовали, что чувства привязанности к Великобритании, так распространённые среди их англоязычных соотечественников, становятся тормозом национального развития доминиона, мешают сбросить его жителям пережитки колониализма и заставляют их отвлекаться от наиболее насущных проблем развития собственной страны во имя "благородного, но малополезного желания сохранить лояльность по отношению к английской короне"[232].

Подлинными причинами возросшей активности империалистов франкоканадцы считали стремление некоторых групп населения, имевших личную заинтересованность в культивировании тесных связей между доминионом и метрополией (таких как, например, аристократия или офицерский корпус), занять доминирующее положение в управлении страной, что могло обернуться новым витком англосаксонского шовинизма, наступлением на права меньшинств и даже попытками ассимиляции Нижней Канады. Как следствие, одной из основных целей политической элиты Квебека становилась ревностная защита провинциальной автономии во имя сохранения традиционных франкоканадских ценностей: религии, языка, культуры[233].

Однако в масштабах всей Канады, позиция Квебека по вопросу эволюции имперских отношений не имела существенного значения. Понимание необходимости развития канадского самосознания в целях укрепления национального единства побудило многих общественно-политических деятелей доминиона обратить свои взоры в сторону "страны-матери", которой из опекуна и покровителя своих заокеанских подданных предстояло теперь стать их главным партнёром и союзником.

Применительно к национальной идентичности путь реформирования империи означал развитие канадского самосознания посредством великодержавных, панбританских "символов веры". Именно в идее модернизации имперских отношений общественно-политическая мысль Британской Северной Америки впервые попыталась выразить своё стремление к самоопределению. Империализм стал формой выражения национализма, в рамках которой канадцы утверждали значимость и индивидуальность своей страны как органичной и полноправной части владений английской короны. Таким образом, путь Канады от колонии к самостоятельной нации пролегал через стремление к признанию в качестве самоценной части "семьи англо-саксонских народов". Но его основная установка на утверждение национальных чувств через взаимодействие с метрополией становилась одновременно источником взаимного непонимания английской и французской Канады, грозившим в будущем серьёзными осложнениями.

***

Необходимость укрепления межпровинциальных связей, решения масштабных государственных задач, в том числе защиты интересов доминиона в международных отношениях породили стремление к идейной консолидации страны. На повестку дня встала задача выработать некий способ самоопределения, соответствующий духу эпохи. В связи с этим понятие "нация" стало для общественно-политических кругов Канады основным инструментом самоидентификации, позволяющим, с одной стороны, сплотить всех жителей доминиона в некоторую гражданско-культурную общность, а с другой – выделить эту общность в качестве самостоятельного субъекта внутриимперских, а в перспективе, и международных отношений.

К середине 80-х гг. XIX века тема национального самоопределения стала одной из наиболее актуальных в канадской общественно-политической жизни. Особенностью развития национализма в первые годы после образования доминиона был преимущественно теоретический характер его осмысления. Значение же данного этапа формирования национального самосознания заключалось в том, что канадский национализм как идейная концепция в ходе напряжённых дискуссий стал неотъемлемой частью формирующегося политического сознания.

# ГЛАВА 2. ИМПЕРИАЛИЗМ И КОНТИНЕНТАЛИЗМ КАК ОСНОВНЫЕ ФАКТОРЫ РАЗВИТИЯ КАНАДСКОЙ НАЦИОНАЛЬНОЙ ИДЕНТИЧНОСТИ (ВТОРАЯ ПОЛОВИНА 1880-Х – ПЕРВАЯ ПОЛОВИНА 1890-Х ГГ.).

## § 1. Канадский национализм и имперский патриотизм: эволюция взаимоотношений.

Завершение в 1885 г. строительства Тихоокеанской железной дороги стало первым зримым воплощением и символом идеи канадской нации. Восторженная реакция печати по поводу сооружения первой общеканадской магистрали создавала впечатление, выражаясь словами очевидца, что идеология национализма уже “прочно завладела умами большинства жителей доминиона”[234]. Но, несмотря на всплеск “канадианистской” риторики, это лишь отчасти соответствовало действительности.

Традиция взаимодействия провинций Британской Северной Америки имела давние истоки. Яркими примерами тому служили их совместные действия во время англо-американской войны 1812-1814 гг. и борьбы за самоуправление в 1830-40-е годы. Однако, опыт существования в качестве отдельных колоний ещё сохранял немалое влияние. Основанное на нём стремление к региональной обособленности находило поддержку в теории либерализма, видевшей в автономии субъектов залог свободы от “тирании” федерального правительства. Развивавшаяся концепция национализма, потребовавшая дальнейшей централизации государства, стала входить в противоречие с либеральными идеями, из которых она когда-то черпала силу.

Во многом тому способствовали изменения, произошедшие на мировой арене в последней трети XIX в.

Правящие круги ряда стран Европы завершали целенаправленную централизацию политической системы, активно используя потенциал государства для влияния на внешнюю и внутреннюю политику. Резко обострилась международная конкуренция. Лидирующее положение британской экономики в свете стремительного развития США и Германии уходило в прошлое. Быстро нарастало военно-политическое и колониальное соперничество. В этих условиях следовать идеалам либерализма становилось всё труднее даже в Канаде – стране преимущественно аграрной – казалось бы, далеко отстоявшей от эпицентра разворачивавшейся борьбы великих держав. Однако и там национализм явился идеологической опорой перемен в политическом курсе, который консервативная партия отнюдь не случайно позиционировала в качестве "Национальной политики".

Экономические трудности, возникшие перед страной в середине 1880-х гг., серьёзно пошатнули лидирующее положение партии Дж. Макдональда. С 1883 г. Канада оказалась вовлечена в общемировой экономический кризис, особенно ощутимо ударивший по её сельскому хозяйству. В 1885-1886 гг. падение производства достигло своего максимума, вызвав волну банкротств, сокращение обрабатываемых земельных угодий и спад торговой активности[235].

Либералы переложили всю ответственность за депрессию на своих политических оппонентов и "Национальную политику", особенно остро критикуя её стратегическую основу - протекционизм. "Они обещали вам десять лет процветания! Они советовали вам развернуть все паруса! - негодовал в одном из своих выступлений лидер либеральной партии Э. Блэйк. – Но вместо этого они прервали ваше благополучное развитие и вызвали рецессию…своими крайне обременительными налогами"[236].

Наиболее тяжёлая ситуация сложилась в приморских провинциях. В условиях кризиса правительство США ответило на протекционистскую таможенную политику доминиона повышением пошлин на рыбу и продукцию судостроения. Эта мера ударила, прежде всего, по хозяйству

Новой Шотландии и соседнего с ней Нью-Брансуика, традиционно специализировавшихся на экспорте указанных товаров. Их убытки от сокращения торговли с соседней республикой были настолько большими, а недовольство действиями федерального правительства настолько сильным, что 1 июля 1885 г. – в очередную годовщину образования канадской федерации – они приспустили флаги на своих кораблях в знак протеста против “Национальной политики”[237].

Кризис доверия к центральной власти в приморских провинциях развивался на протяжении большей части 1880-х гг. Его кульминацией стали дебаты, развернувшиеся в 1886 г. в законодательных ассамблеях Новой Шотландии и Нью-Брансвика по вопросу о выходе из состава федерации[238]. Показательно, что их инициатором в Новой Шотландии являлся премьер провинциального правительства и лидер местного отделения либеральной партии Уильям Филдинг. И хотя резолюция об отделении не получила необходимой поддержки ни в одном из регионов, авторитет федерального правительства продолжал оставаться там крайне низким.

Последствия экономического спада явились также одной из главных причин, вызвавших в 1885 г. восстание в долине реки Северный Саскачеван[239]. Это было уже второе вооружённое выступление на северо-западных территориях, с которым пришлось столкнуться кабинету Дж. Макдональда. Главные требования франкоязычных метисов сводились к признанию за ними собственности на занимаемые земли и создание новой провинции с правом её жителей на местное самоуправление, как это было сделано в случае с Манитобой[240].

Несмотря на то, что восстанию предшествовало более 700 петиций, которые возмущённые обитатели тех мест стали направлять в Оттаву ещё с конца 1870-х гг., федеральные власти оказались совершенно не готовы к резкому обострению ситуации. Личный секретарь Дж. Макдональда Джозеф Поуп позже писал, оправдывая растерянность правительственных кругов, что первая информация о недовольстве поселенцев на северо-западе дошла до них лишь летом 1884 г., причём без указания причин и каких-либо подробностей[241]. Зимой же 1885 г., когда положение несколько прояснилось, исправить его было уже почти невозможно. Как и в 1869 г., многие оранжистски настроенные консерваторы не желали ничего знать о действительных причинах недовольства и видели в последователях Л. Риэля не более чем преступников, посягнувших на "честь и единство нации"[242]. В этой связи силовой путь разрешения проблемы представлялся кабинету Макдональда единственно возможным.

Но после проведения военной экспедиции оказалось, что даже в английской Канаде не все поддерживали действия правительства. С точки зрения либеральных кругов, восстание было результатом ошибочной политики консерваторов на северо-западных территориях, которая заключалась в лишении её жителей ряда основополагающих гражданских прав (в частности, права на самоуправление) и "преступном безразличии" государственных чиновников к их наиболее насущным проблемам[243]. "Преступление против государства было совершено не только теми бедными, неграмотными и несчастными людьми на берегах Саскачевана, которые желали лишь немного справедливости, – возмущался в одном из своих выступлений Э. Блэйк. – Преступление против государства было совершено также и на берегах Оттавы теми, кто не хотел слышать просьбы угнетённых и кто сделал возможным этот мятеж"[244].

В Нижней Канаде реакция общественности на подавление восстания была очень бурной. Использование властями регулярной армии против франкоязычных поселенцев долины реки Северный Саскачеван трактовалось как очередное наступление англо-саксонских шовинистов на права франкоканадцев с целью их полного уничтожения[245]. Настоящий шок вызвала у квебекцев казнь Л. Риэля. Уже многие годы в Канаде этот вид наказания не применялся даже по отношению к самым опасным преступникам, и теперь смертный приговор, вынесенный лидеру повстанцев, выглядел не иначе как акт устрашения. Одна из ведущих газет Монреаля "Ля Пресс" провозгласила 17 ноября 1885 г.: "Теперь для нас больше нет ни консерваторов, ни либералов.

Теперь для нас есть только патриоты и предатели – Партия Нации и Партия виселицы"[246].

И действительно, на провинциальных выборах в январе 1886 г. победу одержала новая политическая сила – Национальная партия. Образованная всего за два месяца до голосования, она завоевала огромную популярность, одновременно критикуя как кабинет Дж. Макдональда – "убийцу" Л. Риэля, так и депутатов Палаты общин от Квебека, не сумевших защитить франкоязычных соотечественников[247]. Её лидер Оноре Мерсье расставил приоритеты следующим образом: главная цель – защита франкоканадских национальных интересов, главное средство – укрепление автономии Квебека – единственной провинции, где язык, религия и культура франкоканадцев могут быть защищены[248]. В выступлениях Мерсье граница национальной идентичности была обозначена предельно чётко: "свои" после расправы над метисами оставались только в Нижней Канаде, в то время как за её пределами теперь были только "враги", во главе которых находилось федеральное правительство[249].

Предвыборные заявления позиционировали новую партию в качестве принципиального противника консерваторов и проводимой ими "Национальной политики". Это позволило О. Мерсье быстро наладить отношения с англоканадскими либералами и использовать теорию "провинциальных прав" в качестве идейного обоснования своих целей. Полагая, что экономические неудачи кабинета Дж. Макдональда уже достаточно подорвали доверие регионов к федеральным властям, Национальная партия организовала в 1887 г. межпровинциальную конференцию по вопросам расширения автономных прав. Предложение премьер-министра Квебека собраться для обсуждения " проблем взаимного интереса" приняли представители ещё четырёх канадских провинций[13250].

---

[13] Всего на конференции было представлено пять из семи канадских провинций: Онтарио, Квебек, Новая Шотландия, Нью-Брансуик и Манитоба.

В ходе конференции франкоканадские делегаты взяли всю инициативу на себя. Именно они предложили 21 из 22 итоговых резолюций, направленных на существенное ограничение возможностей Оттавы воздействовать на политику регионов[251]. Большая часть резолюций была посвящена конкретизации полномочий федеральных властей, до сих пор лишь в общих чертах определённых Актом о Британской Северной Америке. Предполагалось лишить их права вето в отношении регионального законодательства, запретить в одностороннем порядке снимать или назначать чиновников провинциального уровня, установить чёткие нормативы федеральных субсидий[252]. И хотя постановления конференции не имели силы закона, они демонстрировали решимость провинций, и, прежде всего, Квебека, бороться за свою автономию. Примечательно, что ни в резолюциях, ни в других официальных документах термин “нация” по отношению к Канаде не был употреблён ни разу.

Экономические и внутриполитические трудности мало способствовали утверждению идеи единой канадской нации. Поиски путей решения возникших в связи с кризисом проблем притягивали гораздо большее внимание широкой общественности. Парадокс, однако, состоял в том, что укрепление позиций регионализма стимулировало прямо противоположную тенденцию – стремление, направленное на развитие имперских отношений, непосредственно связанных с самоопределением жителей доминиона как единой общности.

В последней трети XIX в. размышления о судьбе Британской империи стали одним из определяющих факторов развития общественно-политической мысли как в Великобритании, так и в её самоуправляющихся колониях. Многие политики, учёные и журналисты всё чаще в своих выступлениях и сочинениях обращались к её прошлому, настоящему и будущему. В 1883 г. была опубликована книга кембриджского историка Джона Роберта Сили “Расширение Англии”, ставшая знаковой не только для своего времени, но и одним из наиболее известных трудов по имперской проблематике вообще. В ней широко использовалось понятие “Великая Британия” (“Greater Britain”) как обозначение всех территорий, заселённых преимущественно выходцами с Британских островов. Её географические рамки охватывали Канаду, Вест-Индию, южноафриканские владения и группу австралазийских колоний[253]. Обращаясь к прошлому своей страны, историк стремился доказать, что люди, населяющие эти земли, практически не изменились с момента колонизации, а значит, вместе с жителями самой Великобритании, принадлежат к одной нации. Фактически, Дж. Сили видел в них десять миллионов англичан, обосновавшихся за океаном[254].

И хотя жителям доминиона было свойственно считать себя, скорее, “канадцами” или “британцами”, нежели именно “англичанами”, кембриджский историк был недалёк от истины, рассматривая Великую Британию как особое культурно-историческое целое. Для некоторых представителей канадской общественности всё ещё было вполне естественно в размышлениях о родине и патриотизме “не замечать” границы своей автономии и говорить то об империи, то о Канаде так, словно одно подразумевало под собой другое[255]. При этом подобный подход не считался противоречащим широко утвердившемуся взгляду канадцев на свою страну как на самостоятельную и самоценную часть Британской империи.

Данная особенность канадского самосознания объяснялась тем, что среди жителей Британской Северной Америки ещё не сложилось единого представления о национально-государственной структуре империи и положении канадской нации в ней. Приверженцы традиционной “англоцентристской” модели устройства Великой Британии были полностью солидарны с Дж. Сили и считали, что “белые” автономные колонии наряду с самой метрополией являются элементами единой британской нации, расселившейся по всему миру. Канада в этом случае выступала в роли “малой родины” для живущих на её территории британцев, в то время как Великобритания оставалась для них “Великой старой Родиной”[256]. Подобный подход, весьма популярный в метрополии, с развитием канадского национализма пользовался всё меньшей поддержкой в доминионе.

Стремительно набирала сторонников другая точка зрения, согласно которой канадская нация не являлась частью британской, хотя и была очень схожа с ней в силу наличия общих исторических корней и традиций. Сама империя представлялась в этом случае "содружеством наций", основанном на принципе взаимовыгодного сосуществования родственных народов, составлявших общемировое англосаксонское сообщество[257]. Сформировавшись за годы, прошедшие с момента образования североамериканской федерации, эта концепция как нельзя лучше отражала процесс эволюции канадских национальных чувств.

К середине 1880-х гг. для представителей канадских интеллектуальных кругов стало характерно стремление развивать национальную индивидуальность своей страны путём перевода её связей с метрополией на качественно новый уровень партнёрских отношений. Широкое обсуждение перспектив практического воплощения "полицентричной" модели имперской организации ознаменовало начало нового этапа в развитии национальной идентичности в Канаде, связанного с бурным переосмыслением её места в общем массиве владений английской короны.

Популярность имперской идеи в североамериканском доминионе быстро возрастала. Многим уже казалось, что давние разговоры о реформировании империи, в результате которого Канада могла бы занять достойное её значению место, скоро должны стать реальностью. "Направим же теперь все силы на развитие нашей страны, – призывал известный своими роимперскими взглядами подполковник Джордж Деннисон, - и пройдёт не много лет, как она превратиться в самую важную и значимую часть Британской империи"[258].

В периодической печати и памфлетной литературе бурно обсуждались различные проекты реформирования "Великой Британии". Ни один активный участник политической жизни Канады не мог позволить себе остаться в стороне от дискуссии по этому вопросу. Сам Дж. Макдональд, обычно избегавший рассуждать на тему отношений с метрополией, был вынужден дать оценку планам федеративного переустройства империи. В письме редактору одной из популярных в Канаде лондонских газет премьер-министр констатировал, что “любые действия, направленные на упрочнение союза между “страной-матерью” и колониями, всегда заслуживают только поддержки”[259].

Ещё в 1884 г. сторонники модернизации имперских отношений создали в Великобритании организацию, известную под названием Лига имперской федерации (далее ЛИФ), которая раскинула сеть своих филиалов во всех автономных колониях. Канадское отделение ЛИФ открылось в 1885 г. Состав его членов был очень представительным: 7 сенаторов, 53 депутата палаты общин, а также известные бизнесмены, журналисты и писатели со всей страны. Правительство доминиона отметило важность случившегося события, направив официальную делегацию на церемонию открытия Лиги[260].

На первом заседании 9 мая 1885 г. члены канадского отделения ЛИФ подтвердили своё стремление “содействовать всеми возможными способами” реформированию империи на федеральных началах во имя “всеобщего единства…и всеобщих интересов”[261]. Вслед за английскими империалистами они объявили главным направлением своей деятельности “широкое общественное обсуждение тех способов, посредством которых может поддерживаться единство империи и происходить дальнейшее развитие её различных частей”[262]. В выступлениях, последовавших за принятием официальных резолюций, участники новообразованного филиала, не выходя за рамки решений “центра”, продекларировали общее желание воплотить возросшую значимость автономных колоний в новой структуре Британской империи.

Поначалу активность заатлантического филиала ограничилась лишь решением организационных вопросов и подтверждением полученных из Лондона постановлений.

Однако уже через некоторое время в его деятельности стала проявляться индивидуальность североамериканского подхода. Прежде всего, канадцы усомнились в самой стратегии, поставившей во главу угла борьбу за общественное мнение. Они утверждали, что “километры памфлстов” и “годы агитации” в попытках “подготовить жителей империи к решению вопроса” о создании имперской федерации могут оказаться лишь пустой тратой времени без поддержки конкретными практическими мерами[263]. Указывая на высокую степень влияния ЛИФ, её канадские участники призывали немедленно приступить к непосредственному осуществлению поставленных целей путём воздействия на конкретные политические институты Великобритании и её самоуправляющихся колоний[264]. Они были убеждены, что при достаточной активности, имперская федерация может стать реальностью уже через несколько лет.

Канадские империалисты стремились также подчеркнуть, что имперская федерация подразумевается ими не как дань международному престижу Великобритании или способ укрепления её политического влияния, а как механизм налаживания взаимовыгодного сотрудничества между автономиями и метрополией. “Не будет никакой федерации, пока колонии не будут иметь от этого каких-либо преимуществ”, – кратко суммировал ход дискуссий на одном из заседаний монреальского отделения ЛИФ её член Э. Робертсон[265]. В качестве подобных преимуществ чаще всего понимались вполне конкретные торговые соглашения как, например, проект имперского таможенного союза, планы которого имели хождение в доминионе с 1870-х гг. В политическом же отношении канадские сторонники ЛИФ постоянно напоминали, что любое реформирование структуры империи мыслится ими как следующий шаг в развитии самоуправления “белых” колоний Великобритании, а потому не может идти и речи о лишении их хотя бы части уже имевшейся самостоятельности[266]. Федерация на практике могла быть только союзом равноправных субъектов-наций или не быть вообще.

**Далтон МакКарти.**

**Основатель и первый президент канадского филиала**

**Лиги имперской федерации.**

Идея изменения роли автономных колоний в отношениях с метрополией была неразрывно связана с проблемой перераспределения ответственности за судьбу империи между всеми членами предполагавшейся федерации. Канадским империалистам было понятно, что платой за повышение статуса доминиона неизбежно станет участие в общих расходах, прежде всего, на оборону, которые до сих пор Лондон нёс без помощи колоний. ЛИФ была готова пойти на такой шаг, однако только после того, как доминион получил бы реальную возможность влиять на решение общеимперских дел[267]. Ключевое значение для дальнейшего развития канадского империализма имел тот факт, что его сторонники обусловливали любые денежные выплаты со стороны Оттавы созданием полноценной федеративной структуры.

Широкое обсуждение планов реформирования империи производило плодотворный эффект: со временем канадская общественность приходила ко всё более общему пониманию места и роли своей страны в настоящем и будущем Великой Британии. Основные тенденции развития идей имперского единства в Канаде определённо выявились в связи с подготовкой и работой межправительственной конференции представителей Соединённого Королевства и самоуправляющихся колоний, состоявшейся в 1887 г. Организованная по инициативе ЛИФ в год пятидесятилетия пребывания на троне королевы Виктории, она стала для автономных колоний первой возможностью обозначить своё мнение по поводу планов развития империи.

Накануне конференции исполнительный комитет канадского филиала ЛИФ принял “напутственное” послание для делегации доминиона. Вопрос об изменениях во внутриимперских отношениях занимал в нём главное место. “Автономии должны взять на себя часть расходов на оборону империи соразмерно своему населению, - говорилось в резолюции, - но также они должны иметь конституционную возможность влиять на её внешнюю политику”[268]. Этот тезис наиболее точно зафиксировал принципиальную позицию канадской стороны.

Однако британское правительство заранее сняло вопрос о реформировании имперской организации с повестки дня конференции, поэтому делегация североамериканского доминиона не проявила интереса к проблеме укрепления обороноспособности империи и не откликнулась на предложения Великобритании и австралазийских автономий о выделении субсидий на содержание флота[269].

Канадские уполномоченные были солидарны с североамериканским отделением ЛИФ в нежелании брать на свою страну дополнительные обязательства без получения ответных преимуществ. К тому же вопрос безопасности становился для доминиона всё менее актуальным, поскольку геополитическое положение естественным образом оставляло для него только одного потенциального противника – США, полномасштабный вооружённый конфликт с которыми считался всё менее и менее вероятным. Таким образом, военно-морское соглашение Лондона и австралазийских колоний о выделении последними средств на содержание эскадры для защиты имперских рубежей в южной части Тихого океана не представляло для Канады практического интереса.

Гораздо большее внимание делегация доминиона уделила тем вопросам имперского сотрудничества, которые могли быть решены на текущей конференции к взаимной выгоде всех сторон. В ходе переговоров были достигнуты договорённости о прокладке очередной линии трансатлантического телеграфного кабеля из Великобритании в Австралию через Канаду и развитии морского сообщения между доминионами и метрополией[270]. Этот факт практического взаимодействия придал империалистам немало оптимизма. Сообщая впоследствии об успешном продвижении намеченных проектов членам Королевского колониального института, один из отцов-основателей канадской федерации Чарльз Таппер не без удовлетворения подчеркнул, что Великобритания уже давно не тратит ни фунта на свои североамериканские владения и, к тому же, сейчас может получить большую пользу посредством развития внутриимперских коммуникаций[271].

Однако наибольший интерес среди канадцев вызвала обсуждавшаяся на конференции, но не получившая там достаточного развития, тема создания имперского торгового союза. Для прогрессирующей канадской экономики вопрос о нахождении новых рынков сбыта был очень актуален, и мысль о получении свободного доступа к потребителям всей Британской империи при защите своей продукции от внешних конкурентов протекционистскими пошлинами казалась очень заманчивой. Не менее важным было и то, что таможенный союз мог стать основой имперской федерации.

После окончания конференции североамериканское отделение ЛИФ продолжило дальнейшую деятельность в этом направлении. На очередном собрании в июне 1887 г. была принята резолюция о необходимости координации таможенной политики всех частей империи[272]. На ежегодных собраниях в 1888 г. и 1889 г. основная цель организации была дополнена новыми инициативами "защищать идею принятия согласованной торговой политики между Великобританией и её колониями", а также "развивать практику консультаций автономий и метрополии, в которой особое место должны занимать вопросы внутриимперской торговли и таможенных пошлин"[273].

Большой интерес в доминионе вызвал приезд зимой 1888 г. известного британского политика Джозефа Чемберлена, уже тогда известного своей приверженностью идее укрепления внутриимперских связей. Английский посланник был встречен в Канаде со всеми почестями и на время визита стал центральной фигурой в политической жизни страны. На одном из торжественных вечеров в Торонто Дж. Чемберлен выразил свой взгляд на будущее "Великой Британии". "За последнее время Канада преобразилась, а в дальнейшем она не будет знать себе равных в мире, - обращался к слушателям министр. - И я надеюсь, что на пути своего развития она никогда не разорвёт связей с Великобританией…надеюсь, что канадская федерация станет для всех родственных ей народов проводником на пути к имперской федерации. Эта великая идея должна стать призывом к действию для всех патриотов.[274]" Выступление британца было встречено бурными аплодисментами и получило широкое освещение со стороны местной прессы. Многие канадские империалисты надеялись, что подобные заявления лидера либерал-юнионистов дают основания надеяться на серьёзные перемены в ближайшем будущем.

Однако в отличие от единомышленников из метрополии, в выступлениях канадских империалистов тема таможенного союза очень быстро заняла доминирующее место. Необходимость создания этого союза к концу 1880-х гг. казалась столь очевидной, что некоторых из них занялись проработкой конкретных аспектов его практического осуществления, не дожидаясь инициативы официальных властей. Так, например, член квебекского отделения ЛИФ Р. Доубелл предлагал канадцам самостоятельно начать переговоры с австралийскими колониями о заключении взаимовыгодного таможенного соглашения, способного объединить их рынки и защитить производителей от внешней конкуренции[275]. А его единомышленник из Оттавы Т. Макфарлейн предлагал ввести общий для всей Великой Британии 11% налог на импорт, доходов от которого должно было хватить для укрепления системы имперской обороны и развития коммуникаций[276]. Подобный энтузиазм североамериканских империалистов объяснялся их стремлением как можно скорее приступить к процессу имперского реформирования, дабы на практике выразить укреплявшиеся в массовом сознании чувства патриотизма и национальной гордости.

Важным фактором общественной консолидации в связи с проектом таможенного союза стало широкое обращение к понятию национального интереса. Теоретически, наличие собственных индивидуальных интересов считалось естественным атрибутом каждой нации. Так, например, один из канадских публицистов Ф. Манто в своём памфлете “Под каким флагом?” высказывал распространённую точку зрения, что “природное” стремление людей к национальному самоопределению основано на осознании ими общности своих интересов[277]. Однако только к концу 1880-х. гг. “канадские национальные интересы” стали позиционироваться в качестве непреходящей ценности в дискуссиях о будущем и доминиона, и самой империи, а также всё чаще начали восприниматься как отличные от британских или даже противоположные им. Тогда же термин "национальный интерес" прочно вышёл в лексикон канадских политиков и публицистов.

Неготовность метрополии рассматривать возможности укрепления имперского единства через создание таможенного союза лишь стимулировала обсуждение проблемы соотношения имперских интересов и национальных, последние из которых, в представлении официального Лондона, неизменно ассоциировались с его собственными. В этом вопросе разные политические силы доминиона проявили редкое единодушие. "Исходя из самого факта роста и развития Канады можно сделать вывод, что иногда её интересы и интересы Англии могут быть различными, - провозглашал лидер либералов У. Лорье, - и в том случае, когда интересы Канады оказываются на одной чаше весов, а интересы Англии – на другой, я предпочитаю выбирать то, что лучше для Канады, оставляя англичанам возможность делать то, что в интересах Англии.[278]" Более мягко, но в том же смысле высказывался глава консервативного кабинета Джон Томпсон, указывая, что потребностям доминиона всегда следует отдавать приоритет перед желаниями метрополии, хотя их не следует удовлетворять в ущерб "стране-матери"[279]. Его поддерживал секретарь бюро промышленности провинции Онтарио Арчибальд Блю, утверждавший, что "каждый житель Канады должен делать всё от него зависящее ради Канады…Британия же сама защитит свои интересы, можете положиться на неё в этом"[280].

"Колониальный" национализм предполагал теперь готовность защищать интересы собственной страны, даже если они не совпадали или противоречили устремлениям метрополии. Таким образом, развитие канадского национального самосознания оставляло возможным только один вариант сохранения единства империи: реорганизацию на принципах "содружества наций" взамен прежней "англоцентристской" модели. Словно в подтверждение тому, крайние националисты – противники укрепления связей с метрополией, чьим стремлением было скорейшее обретение Канадой полной независимости – не без удовлетворения констатировали, что без масштабных реформ в сфере имперской организации распад Великой Британии на ряд суверенных государств в ближайшем будущем неизбежен[281].

С этой точки зрения, таможенный союз и образованная на его основе имперская федерация являлись наиболее приемлемым для доминиона вариантом реформирования имперской организации, прежде всего, поскольку на тот момент она более всего отвечала насущным потребностям его собственного развития. Практическое осуществление этих планов казалось единственно возможным способом сплочения Великой Британии, особенно ввиду ослабления привязанности канадцев к "стране-матери", наблюдавшегося по мере утверждения среди них представлений о собственной нации[282]. Этот путь считался альтернативой постепенному движению североамериканской федерации в сторону полной государственной независимости и представлял собой способ осуществлений национальных устремлений посредством империалистических идеалов – своего рода воплощение национализма в образе империализма.

Как и национализм, империализм стал частью идейно-политической платформы консервативной партии. Канадские тори быстро осознали широкий потенциал концепции имперского единства в противостоянии либеральной теории "провинциальных прав". Их признанный лидер Дж. Макдональд долгое время не уделял особого внимания перспективам развития имперской организации. Он поначалу оставался в стороне от деятельности ЛИФ, скептически относился к самой возможности существенного реформирования комплекса отношений метрополия-автономии, а в 1885 г. выступил против участия канадских вооружённых сил в суданской военной экспедиции[14][283].

---

[14] В 1884 г. английское правительство организовало военную экспедицию в Судан для подавления махдистского восстания, преследовавшего цель изгнать британцев

Однако в ходе предвыборной кампании 1891 г. лидер консерваторов начал активно обращаться к имперской теме. В одном из своих выступлений Дж. Макдональд заявил, что целью его деятельности является "создание на североамериканском континенте великой и могущественной нации под английским флагом", которая оставалась бы неотъемлемой частью Британской империи[284]. Другие видные консерваторы также выражали растущую поддержку идее укрепления имперских связей. Так, например, будущий премьер-министр Канады Чарльз Таппер, благодаря своим выступлениям в защиту планов реорганизации Великой Британии, заработал по обе стороны Атлантического океана репутацию убеждённого сторонника создания имперского таможенного союза. При этом некоторые английские публицисты к началу 90-х гг. XIX в. считали его одним из наиболее серьёзных оппонентов вестминстерских фритредеров[285].

Усиление интереса партии Дж. Макдональда к вопросам имперского единства объяснялось несколькими причинами. Прежде всего, символы веры империализма были идентичны таким традиционным для консерваторов ценностям как сохранение лояльности английской короне, наращивание мощи и продолжение экспансии Великобритании в качестве мировой державы, защита ценностей англо-саксонской цивилизации. Стимулирующее воздействие идеи реформирования имперских отношений на развитие канадского национального самосознания

из страны. Автономным колониям было предложено принять участие в походе, дабы продемонстрировать свою лояльность по отношению к империи. Канадское правительство, озабоченное проблемой выхода из экономической депрессии и опасавшееся негативной реакции Квебека на участие в колониальных предприятиях метрополии, выступило против отправки доминионом собственного воинского контингента, позволив, тем не менее, волонтёрам вступить в английские экспедиционные войска. В суданском походе приняли участие 386 канадских добровольцев, 16 из которых погибли.

обернулось заметным снижением влияния настроений регионализма в общественно-политической жизни Британской Северной Америки. На выборах 1887 г. и 1891 г. консерваторы удачно противопоставляли себя в качестве канадских националистов и имперских патриотов регионалистски, а иногда и сепаратистски настроенным либералам.

В интересах консерваторов играло то обстоятельство, что любые планы введения новых форм имперского сотрудничества, будь то таможенный союз или имперская федерация, предполагали наличие у Канады единого "голоса" в "содружестве наций" Великой Британии, не оставляя места для мнений её провинций. Подобные перспективы создавали условия для укрепления авторитета федерального правительства, поскольку именно в его ведении находились вопросы отношений с метрополией и другими автономными колониями, в то время как либеральная партия имела особый политический вес именно в провинциальных легислатурах.

Неудивительно, что либералы в этих обстоятельствах оказались негативно настроены по отношению к планам укрепления имперских связей. Премьер-министр провинции Онтарио Оливер Моуат и один из лидеров либеральной партии Уилфрид Лорье были солидарны в том, что текущее состояние внутриимперских отношений как нельзя лучше соответствует потребностям Канады, а потому не стоит уделять так много внимания данному вопросу[286]. Одновременно с этим возмущение либералов вызывал факт использования консерваторами проимперских настроений в целях противодействия активно пропагандируемой ими идее континентального союза[15].

[15] Данная проблема будет подробно освещена во 2 параграфе настоящей главы.

**Джордж Паркин.**

**Публицист, автор книги «Имперская федерация».**

Несмотря на все усилия либералов, настроения имперской солидарности имели в начале 1890-х гг. весьма высокую степень общественной поддержки. Многие видные общественно-политические доминиона причисляли себя к империалистам или поддерживали в той или иной степени планы модернизации организационной структуры империи. К 1891 г. количество членов ЛИФ в одном только Торонто превысило тысячу человек и постоянно увеличивалось за счёт влиятельных фигур из мира политики, бизнеса и прессы[287].

Большую известность получила работа популярного канадского публициста, а в будущем члена британской палаты общин от консервативной партии Джорджа Паркина "Имперская федерация". В ней идея имперского единства нашла своё наиболее полное выражение. "Если люди во всех концах империи хотят и дальше оставаться вместе, - провозглашал автор основной принцип реформирования имперской организации, - то они должны обладать равными правами и одинаковой степенью автономии"[288].

Имперская федерация в данном случае понималась как форма существования "полицентричной" империи, а главную цель её создания Дж. Паркин формулировал как "защита общих интересов путём координации внешней политики"[289]. Выражая общепринятое мнение, Дж. Паркин доказывал, что федерация не может навязываться самоуправляющимся колониям против их желания или потребностей. Он видел в ней союз свободных самодостаточных родственных наций для согласованных действий во имя общей пользы, а не новую форму колониальной империи. "Сила интересов и убеждений" – вот, что должно было сплотить разные части Великой Британии. Федерация предназначалась "не ущемлять, а дополнять автономию каждой её части"[290].

Канаде имперская федерация дала бы гарантии безопасности от попадания в экономическую зависимость или аннексии со стороны США, поскольку влияние хотя и "родственной по крови", но уже инородной для Великой Британии североамериканской республики было сопоставимо с метрополией[291]. При этом подразумевалось, что вопросы внутренней жизни каждого конкретного субъекта федерации останутся в полной компетенции местных властей, как это было по состоянию на текущий момент[292].

Путь к имперскому единству пролегал, по Паркину, через создание таможенного союза. Принимая во внимание, что метрополия пока явно была не готова отказаться от проверенной годами политики фритреда даже во имя укрепления отношений с автономными колониями, публицист предвидел многочисленные трудности, связанные с согласованием экономических аспектов реформ[293].

И Паркин не ошибся. В апреле 1892 г. проблема таможенных тарифов оказалась в центре внимания канадского парламента, большинство мест в котором занимали консерваторы. После долгого обсуждения Палата общин приняла резолюцию, призывающую Великобританию установить протекционистские пошлины на импорт товаров в Британскую империю и систему таможенных преференций для продукции из её колоний[294]. Однако эта инициатива осталась без какого-либо ответа. Первая, предпринятая на официальном уровне, попытка продвижения в сторону новой имперской организации подтвердила, что Лондон не спешит пересматривать свои взгляды на политику свободной торговли.

В 1892 г. произошло ещё одно знаковое событие, не обратившее на себя особого внимания за пределами Канады, но имевшее большое значение для развития национального самосознания. Британское Адмиралтейство предоставило доминиону право использовать в качестве морского флага красное полотнище с изображением своего герба и, расположенного в верхней левой части, имперского "Юнион Джека"[295]. Неофициально флаг подобного образца использовался в Канаде с 1868 г., но только признание имперских властей сделало его подлинным национальным символом. Теперь слова о "преданности флагу" приобрели особый смысл, а положение североамериканской федерации в Британской империи стало, без преувеличения, уникальным (на одна другая автономия не имела собственного флага). Этот шаг метрополии ещё больше укрепил решимость империалистов бороться за единство Великой Британии.

В июне - июле 1894 г. в Оттаве по инициативе правительства Канады была организована конференция представителей самоуправляющихся колоний. Запланированная ещё в 1893 г., она предназначалась для решения проблем развития телеграфного и пароходного сообщения между странами империи[296].

Уже в ходе работы конференции усилиями канадских делегатов на повестке дня оказалась ещё одна тема: создание общеимперского таможенного союза. В итоге её обсуждения была принята резолюция, призывавшая Великобританию установить общеимперские протекционистские пошлины и сформировать тем самым экономический союз метрополии и всех её владений[297]. Подводя черту длительным дискуссиям, представитель Канады Джордж Фостер назвал её воплощение в жизнь "непременным условием для сохранения стабильности и дальнейшего развития Британской империи"[298].

Но если прокладка очередных телеграфных линий и введение новых пароходных маршрутов требовало лишь инвестиций со стороны Великобритании, то имперский таможенный союз предполагал полное изменение её экономической политики. Понимая всю масштабность предлагавшихся реформ, участники конференции подчёркивали, что без законодательной инициативы "страны-матери" все планы укрепления имперского единства не имеют никакого практического смысла, а потому Лондону предлагалось поскорее определиться со своим видением будущего Великой Британии[299].

Однако в английских общественно-политических кругах преобладало иное понимание идеи имперского единства. Поскольку авторитет фритреда как экономической политики оставался незыблемым, их основное внимание было сконцентрировано на теме военного взаимодействия. В то время наиболее эффективным способом имперского сотрудничества британские империалисты считали финансовое участие самоуправляющихся колоний в содержании военно-морского флота метрополии, охранявшего общую систему океанских коммуникаций, и разработку планов совместных действий сухопутных сил без создания каких-либо новых политических структур[300].

В этом случае оставался открытым вопрос о степени заинтересованности Канады и других автономий в выплате "контрибуций" на содержание английского флота. С одной стороны, было действительно несправедливо, как писал Дж. Паркин, когда рядовой налогоплательщик в Старом свете платил за безопасность общих морских путей больше, чем его сограждане в Новом свете[301]. Но, с другой стороны, учитывая сравнительно безопасное геополитическое положение доминиона, для Оттавы не существовало никакой насущной необходимости немедленно приступать к финансированию вооружённых сил метрополии. Возможно, в случае реальной угрозы британскому морскому превосходству или опасности большой войны в Канаде имелся бы другой взгляд на развитие системы общеимперской обороны, но на тот момент серьёзных причин для беспокойства не было. В итоге генерал-губернатору Канады Артуру Стэнли оставалось лишь констатировать, что "ещё ни одной стране в мире обеспечение собственной безопасности не обходилась так дёшево, как Канаде"[302].

В автономиях определённо росло непонимание, почему Лондон так активно призывает их взять на себя часть военных расходов, но при этом отказывается даже обсуждать экономический аспект имперских отношений. "Неужели всё имперское сотрудничество состоит только из контрибуций на оборону и строительство флота"- недоумевал Ч. Таппер и добавлял, что Канада и так ежегодно тратит 12 млн. долларов на содержание собственных сухопутных частей и береговой охраны, которые, в случае войны, обязательно придут на помощь метрополии[303].

По мере нарастания разногласий между канадскими и британскими империалистами последние также вступили в полосу активного размежевания. Знаковым событием стал роспуск в 1894 г. английской ЛИФ. В дальнейшем его участники разделились на две новые общественные организации: Комитет имперской федерации (оборонный) и

Лигу Британской империи[16]. Первая из них, как это следовало из названия, сконцентрировала внимание на проблеме развития военного взаимодействия между метрополией и автономными колониями, а вторая поставила своей приоритетной целью налаживание их полноценного экономического сотрудничества[304]. Канадский филиал ЛИФ не последовал примеру "центра" и продолжил свою работу до 1896 г., когда вошёл в Лигу Британской империи на правах её отделения[305]. Фактически, канадские сторонники имперской интеграции продемонстрировали гораздо большее идейное единство, нежели их коллеги из Великобритании.

В новую организацию канадские империалисты пришли с прежними идейными установками. Главной целью их деятельности была провозглашена "постоянная защита единства Британской империи". Достичь её планировалось путём установления тесных внутриимперских торговых связей вплоть до заключения протекционистских таможенных договоров, развития телеграфного и пароходного сообщения и максимально возможной унификации законодательства. Канадские члены Лиги пошли навстречу своим британским единомышленникам и подтвердили возможность участия доминиона в расходах на общеимперскую оборону, указав, тем не менее, что это может произойти только в согласии с доминирующим в стране общественным мнением[306].

Кризис движения сторонников имперского единства, бесплодность его двадцатилетних усилий вынудили британских империалистов, а затем и их канадских сподвижников признать (по крайней мере тогда), что создание полноценной федерации невозможно из-за слишком глубокого расхождения интересов метрополии и её автономий[307]. Этот вопрос, в силу своей значимости, стал главной темой повестки дня первого заседания канадского

[16] Оригинальные названия: The Imperial Federation (Defense) Committee, The British Empire League

филиала Лиги Британской Империи. Её участники так и не смогли придти к общему пониманию, означает ли отказ от термина "федерация" прекращение попыток реформирования политической структуры империи или только необходимость искать новые пути достижения давней цели[308]. Очередное заседание Лиги позволило существенно прояснить истинное положение дел: делегаты сошлись во мнении, что только создание таможенного союза может способствовать сплочению империи на основе общих для метрополии и автономий интересов. В то же время отсутствие упоминаний о возможных реформах в политической и военной областях стало красноречивым свидетельством меняющихся приоритетов канадских империалистов[309].

Таким образом, дискуссии вокруг проблем канадского федерализма и имперских преобразований стимулировали процесс идейной консолидации англоканадцев на почве общих представлений о национальных интересах Великобритании и самоуправляющихся колоний. В результате новая североамериканская нация всё увереннее утверждалась как родственная в культурно-историческом отношении британской, но не тождественная ей. Империализм получал яркую национальную окраску, а сама Британская империя постепенно приобретала в глазах широкой общественности образ "содружества наций", в котором Канаде отводилась равная с Великобританией роль.

## § 2. Идея экономического и политического союза с США как альтернативный путь развития доминиона.

Отношения с США всегда имели для Канады первостепенное значение. Взгляд на соседнюю республику, как правило, не был однозначным. Долгое время Соединённые Штаты рассматривались не только как источник опасности для североамериканских провинций Британской империи, но и как угроза самому их существованию. Эта точка зрения формировалась под воздействием экспансионистской внешней политики США и периодически возникавших дипломатических конфликтов Лондона и Вашингтона, последний из которых вспыхнул непосредственно перед образованием доминиона. Кроме того, существовала устойчивая лоялистская традиция противопоставлять Канаду и США как две страны англосаксонского мира, одна из которых сохранила верность британской короне и традиционным институтам "страны-матери", а другая избрала путь мятежа и республиканизма.

Немало поводов для беспокойства создавали и официальные лица США, откровенно провозглашавшие захватнические планы в отношении северного соседа[310]. Так, например, после приобретения у России Аляски в марте 1867 г., государственный секретарь в администрации президента Э. Джонсона Уильям Сьюард публично заявил, что данный договор - первый шаг к "окружению всей Британской Северной Америки, которое должно завершиться превращением канадских провинций в штаты Американского Союза"[311].

Ситуация усугублялась характерными особенностями развития западных регионов Канады, которые справедливо считались наиболее слабым звеном в составе федерации. Их связь с восточными провинциями была крайне непрочной, а граница между двумя странами по 49 параллели существовала лишь условно. Вследствие географической удалённости, отсутствия развитой системы коммуникаций и большой этнической разнородности населения канадского Запада, чувства национального единства и имперского патриотизма там были слабы, а постоянный эмиграционный поток из США только увеличивал число тех, кто не испытывал никакой привязанности по отношению к "остальной" Канаде[312]. В итоге, связи западных регионов доминиона с соседними американскими штатами зачастую были даже прочнее, чем с восточными территориями собственной страны, что создавало потенциальную угрозу целостности канадской федерации.

Но существовала и другая точка зрения на отношения с Соединёнными
Штатами, которая формировалась в Канаде под

воздействием насущных потребностей её собственного развития. Переход Великобритании в 1840-х гг. к политике фритреда ощутимо ударил по многим предпринимателям и фермерам автономных колоний. Теперь их товары на рынке метрополии должны были конкурировать на равных условиях с товарами всех стран мира, в то время как американский покупатель продолжал оставаться недоступным из-за протекционистской таможенной политики США. Как следствие, уже в конце 1840-х гг. получила распространение идея североамериканского экономического союза, внутри которого предполагалось снизить или даже отменить таможенные пошлины при согласовании общей фискальной стратегии по отношению к третьим странам[313].

Существовали и более радикальные предложения. В 1849 г. около тысячи человек, преимущественно предприниматели из Монреаля, подписали "манифест аннексии" и начали активную агитацию за политическое объединение с США путём вхождения североамериканских колоний Британии в их состав на правах штатов[314]. Такое предложение было спровоцировано тяжёлым экономическим кризисом в канадских провинциях, в условиях которого союз с процветающей по другую сторону границы страной казался спасением и заветной целью.

Чтобы гарантировать свои владения от подобной перспективы, Великобритания была вынуждена пойти на уступки жителям Канады и способствовать открытию для них рынков соседней республики. В этих целях в 1854 г. между североамериканскими колониями Британской империи и США был заключён "договор взаимности", который предусматривал беспошлинную торговлю продовольствием и сырьём на территории Северной Америки, свободную навигацию по реке Святого Лаврентия и Великим озёрам и общий доступ к районам прибрежного рыболовства[315]. Польза этого договора для развивающейся экономики имперских провинций была ощутима: канадский экспорт в Соединённые Штаты за весь период действия соглашения увеличивался ежегодно в среднем на четверть, а после его отмены в 1866 г. резко сократился на 20%[316].

Таким образом, планам тесного сотрудничества с Соединёнными Штатами было дано некоторое практическое воплощение, причём в наиболее приемлемом для метрополии виде.

Создание федерации в 1867 г. придало мощный импульс развитию объединённых канадских провинций. Освоение новых территорий, складывание единого рынка и подъём национальных чувств на некоторое время снизили популярность идеи континентального союза. Тем не менее, в торгово-промышленных кругах доминиона идея заключения нового "договора взаимности" с Соединёнными Штатами оставалась по-прежнему популярной. Основываясь на положительном опыте соглашения 1854 г., исполнительный комитет Национальной Торговой Палаты Канады в 1872 г. принял четыре резолюции, смысл которых заключался в призыве к устранению таможенных пошлин между Канадой и США, установлению одинаковых пошлин на товары других государств, созданию единой налоговой системы и унификации рабочего законодательства[317].

Подобные предложения шли, несомненно, дальше статей договора 1854 г. и подразумевали образование полноценного экономического союза двух стран. Они стали предметом широкого обсуждения в Канаде и вызвали крайне неоднозначную реакцию. Многие считали, что шаги такого рода не могут отвечать интересам доминиона, так как в жертву приносятся его отношения с Великобританией да и всем остальным миром в угоду гипотетическим преимуществам от переориентирования экономики на сотрудничество с Соединёнными Штатами.

Конец этим спорам положило заявление уполномоченного конгресса США по вопросам американо-канадской торговли М. Ланда, который заявил в 1872 г., что Соединённые Штаты не станут заключать какие-либо экономические соглашения с Канадой до тех пор, пока та сохраняет связь с Великобританией в рамках империи[318]. Таким образом, перспективы развития отношений двух стран были поставлены в прямую зависимость от изменения политического статуса доминиона.

Эта позиция США получила подтверждение в 1874 г., когда американской стороной было официально отвергнуто предложение правительства Александра Макензи о начале переговоров по поводу заключения нового “договора взаимности”[319]. Несмотря на неудачу этой попытки, для находившейся тогда у власти либеральной партии идея заключения таможенного соглашения с США стала составной частью политической стратегии в качестве экономической альтернативы “Национальной политике” консерваторов.

Географическая удалённость от “страны-матери” и явная нехватка людских и материальных ресурсов на фоне бурного развития могущественного южного соседа создавали среди канадцев своеобразное чувство неполноценности, выражавшееся в пессимистичных настроениях некоторых политиков и публицистов относительно будущего доминиона. Как и во время подписания “манифеста аннексии” в 1849 г., раздавались голоса о том, что жители доминиона уступают американцам по своей энергии и способности к развитию, что у них нет истории и культуры, что они блокированы суровой природой от Европы и никогда не смогут самостоятельно существовать на североамериканском континенте[320]. На волне подобных настроений снова могла показаться заманчивой перспектива вхождения провинций Канады в состав США на правах штатов. Возможно, именно на подобный исход событий и рассчитывали американские политики, отказываясь от заключения нового соглашения с правительством доминиона.

Однако вторая половина 1870-х гг. для экономики Канады оказалась довольно удачной. Благосостояние населения росло, промышленность развивалась, торговля приносила всё больше прибыли и уже в начале 1880-х гг. канадцы могли с уверенностью заявить, что они “нисколько не уступают в энергии и таланте соседям из США, а потому имеют не меньшее право на самостоятельное национальное существование на североамериканском континенте” и собственный путь экономического развития[321]. В подтверждение этого часто приводились статистические отчёты экономического развития Канады за последние годы, которые, по замыслу их авторов, должны были вселять оптимизм. Особенно убедительно они выглядели в том случае, если показатели давались не в абсолютных величинах, а в среднем на душу населения. См. таблицу 1.

**Сравнительная характеристика некоторых показателей экономического развития Канады и США в 1878 г. (в долл. США)[322].**

| | США | Канада |
|---|---|---|
| **Население (чел.)** | 49.3 млн. | 4.1 млн. |
| **Общий объём торговли (на душу насел.)** | 23.4 | 37.4 |
| **Экспорт (на душу насел.)** | 14.4 | 17.4 |
| **Импорт (на душу насел.)** | 9 | 20 |
| **Количество морских судов (ед.)** | 6434 | 7471 |
| **В т.ч. современных пароходов** | 519 | 884 |

Но через несколько лет ситуация изменилась. Во второй половине 1880-х годов популярность идеи континентального союза переживала невиданный подъём. Причиной тому стал глубокий экономический кризис, протекавший в доминионе на фоне относительно благополучного состояния США. Особенно болезненным он оказался для сельского хозяйства. В фермерских кругах, а также среди ориентированных на американский рынок предпринимателей, депрессия породила требования пересмотра протекционистской “Национальной политики” правительства Дж. Макдональда и введения свободы торговли с США вплоть до заключения нового “договора взаимности” или таможенного союза[17][323].

Состоявшийся в Торонто в 1887 г. всеобщий съезд фермеров, обратился к правительству с открытым письмом, в котором выдвигалось требование изменения экономической политики. “Кто-то должен обратить внимание на бедственное положение земледельцев,- говорилось в обращении,- их будущее не сулит им ничего, кроме разорения. Причина в том, что рынок Канады не развит и узок, а Великобритания, на которую можно было бы надеяться, находится слишком далеко”[324]. Рынок же соседней густонаселённой республики казался им идеальным для реализации своей продукции. Более того, высокие доходы американских фермеров и общий уровень экономики США приводили их коллег в Британской Северной Америке к выводу, что вопрос о заключении “договора взаимности” – это “вопрос жизни и смерти канадского сельского хозяйства”[325].

Широкую поддержку проект таможенного союза имел в западных провинциях доминиона. Связь с соседними американскими штатами там по-прежнему была куда прочнее, чем с восточными регионами федерации. “Коммерческий союз снизит стоимость всех товаров для рядового жителя Северо-Западных территорий на 20-30 %, - с надеждой писала “Манитоба Фри Прэсс”. - Мы не хотим содержать за свой счёт некоторых беспомощных производителей Онтарио, находящихся за тысячи миль от нас. Мы хотим иметь полную свободу покупать там, где дешевле и выгоднее”[326]. Отмену

---

[17] Под “договором взаимности” в это время понималось торговое соглашение по образу договора 1854 г., которое предусматривало взаимное снижение или отмену таможенных пошлин на ряд товаров и мероприятия, направленные на развитие транспортного сообщения между странами. Понятие таможенного союза предусматривало создание более тесной связи между Канадой и США. Оно означало создание единого рынка на территории двух стран путём отмены всех таможенных пошлин между ними и одновременного введения общего протекционистского тарифа по отношению к другим государствам.

таможенных барьеров с нетерпением ждали и представители мелкого и среднего бизнеса, так как узость рынков западных районов не позволяла им достаточно расширить производство и сделать его конкурентоспособным по сравнению с американским. Своё развитие они представляли только с помощью миллионов покупателей из штатов соседней республики[327].

Идея заключения нового экономического соглашения с США по образцу "договора взаимности" 1854 г. по-прежнему пользовалась поддержкой либеральной партии. Накануне парламентских выборов 1887 г. её лидер Э. Блэйк в одной из программных речей чётко дал понять, что пересмотр таможенных пошлин между двумя странами входит в перечень задач, решением которых он и его соратники намерены заняться при получении большинства в парламенте[328]. Как это не раз бывало и раньше, вслед за ростом популярности идеи экономического сближения с США, в Канаде стали появляться мнения о необходимости и даже неизбежности политического слияния двух стран[329]. Такая точка зрения находила себе опору, главным образом, в давнем противоречии между имперским и американским компонентами политического самосознания канадцев. Несмотря на сохранявшуюся у них приверженность идеям имперского единства, с экономической точки зрения им не приходилось ожидать существенной помощи в преодолении кризиса от верной политике фритреда Великобритании. Как следствие, возникали сомнения в разумности сохранения Канадой лояльности метрополии, которые, накладываясь на негативные последствия экономического кризиса и вновь обострившиеся чувство национальной "неполноценности", порождали настроения пессимизма и даже безысходности[330]. Одновременно с этим в доминионе сохранялась память о культурно-историческом родстве канадской и американской "ветвей" англо-саксонской "расы", их географической близости, по причине чего объединение двух стран нередко представлялось как воссоединение разделённого войной 1775-1783 гг. народа[331].

Районом наибольшего распространения аннексионистских устремлений вполне естественно был канадский Запад. Британский консул Э. Мерфи, вернувшись из деловой поездки по Манитобе, был поражён настроениями местных жителей. “Большинство людей, с кем я общался, - удивлялся он, - убеждены в необходимости экономического или даже политического союза с Соединёнными Штатами…в виду этого, аннексия мне кажется вполне возможным вариантом развития событий”[332].

В восточных провинциях доминиона притяжение соседней республики ощущалось также вполне определённо. В октябре 1888 г. газета “Глоуб” провела в Торонто развёрнутый опрос среди читателей на тему будущего Канады. К удивлению многих, 25 из 75 респондентов в открытых письмах, опубликованных на страницах издания, выразили желание в перспективе видеть Канаду в составе США. Характерно, что 23 из них, прежде всего, вели речь о культурно-исторических факторах объединения и только двое об экономических[333].

В Квебеке Национальная партия оказалась в весьма противоречивом положении. Канадские либералы ожидали от своего политического союзника выступления в поддержку континенталистских идей. Однако для О. Мерсье, рьяного борца за провинциальную автономию, союз с США был вопросом второстепенным. Избегая связывать своё имя с этой темой, он всё же сохранял верность либеральным принципам и заявлял о необходимости “со всей тщательностью и осторожностью” изучить возможное воздействие “договора взаимности” на канадскую экономику и, лишь убедившись в “отсутствии опасности”, принять решение о его заключении[334]. Относительно же политического союза лидер квебекских националистов утверждал, что “присоединение Канады к США противоречит франкоканадским национальным интересам”[335]. Главная причина, по мнению Мерсье, заключалась в том, что в составе североамериканской республики Нижняя Канада не смогла бы обладать столь широкой языковой, религиозной и законодательной автономией, какой она пользуется, являясь частью доминиона. “Разве позволят нам иметь франкоканадского министра в администрации президента?” – коротко резюмировал он[336]. С лидером националистов соглашались и квебекские консерваторы. При всём недоверии к имперским и федеральным властям, они признавали, что франкоканадская община, довольно многочисленная по меркам доминиона, станет малозаметной в огромном “плавильном котле” североамериканской республики, что сделает крайне затруднительной её борьбу за культурную самобытность[337].

Но при этом и в Нижней Канаде находилось достаточные силы, которые пытались сыграть на политической конъюнктуре и добиться от федерального правительства расширения автономии своего региона, угрожая, в противном случае, сецессией Квебека с последующим вхождением в состав якобы “более терпимых” в религиозном отношении США[338]. Словно отвечая на этот политический шантаж, англоязычные жители долины реки св. Лаврентия также не раз открыто выражали надежду на скорейшую аннексию, которая, по их мнению, стала бы избавлением от господства “папистов” и “иезуитов”[339].

Национально ориентированные общественно-политические круги английской Канады были крайне обеспокоены складывающейся ситуацией. В их представлении обсуждавшиеся планы континентального союза могли привести к полному экономическому слиянию двух стран, что не замедлило бы обернуться для доминиона политическими последствиями в виде аннексии Соединёнными Штатами (например, по образцу присоединения Техаса в 1845 г.) и, в конце концов, крахом национального существования[340]. Не возникало сомнений, что в случае создания континентального союза, канадскую нацию, развившуюся в русле британских ценностей и политических институтов, ожидала неизбежная американизация и потеря собственной индивидуальности[341].

Поскольку сближение доминиона с США закономерно означало ослабление его связей с метрополией и другими колониями, то против этого оказалось настроено подавляющее большинство сторонников укрепления имперского единства (за исключением тех, кто ещё питал надежду на возможность устранения “великого раскола англо-саксонской "расы"[18]). На заседаниях канадского отделения Лиги имперской федерации господствовало убеждение, что заключение "договора взаимности" сделает невозможным таможенный союз Британии и её автономий и, как следствие, лишит смысла все планы реформирования имперской организации[342]. Поэтому, с точки зрения канадских империалистов, стремление к экономическому или, тем более, политическому союзу с североамериканской республикой являлось преступлением против Британской империи, которое приравнивалось к измене короне и нации[343]. Стали даже распространятся слухи о якобы тайной связи континенталистов с американскими экспансионистами и их участии в политическом заговоре с целью аннексии Канады[344].

Идея континентального союза встретила, таким образом, мощную оппозицию, состоявшую из проимперски ориентированных националистов, чьей задачей стало противодействие любым планам канадо-американского сближения. Более того, чувство национальной идентичности объединило всех, кто разделял лозунг "сохраним Канаду для канадцев!"[345]. Единственным противовесом влиянию США считалось – и объективно было – экономическое и политическое притяжение Великой Британии, а потому имперский лоялизм занял важное место в идейной платформе патриотически настроенных кругов. И континенталисты, и их противники сходились во мнении, что в ближайшие десятилетия Канада не имела другой альтернативы сохранению лояльности империи, кроме присоединения к

---

[18] "Великий раскол англо-саксонской расы" 1775-1783 гг. стал настолько глубоким потрясением для всей Британской империи, что, даже спустя столетие после подписания Парижского мира, в Канаде и Британии можно было найти влиятельных политиков и публицистов, грезивших восстановлением утраченного единства "англо-саксонского мира" (см. например Иванов А.Г. Джозеф Хау: региональный и имперский патриот // Россия и Канада в исторической ретроспективе и современных реалиях. Магнитогорск, 2006. С. 20-21).

США. Закономерным образом дальнейшее движение по пути национального развития представлялось возможным только в союзе со “страной-матерью”.

Континенталисты осознавали, что их предложения идут вразрез с широко обсуждавшимися в то время планами укрепления имперского единства. Признавая этот факт, они доказывали, что нет никакой нужды быть роялистами больше, нежели сама королева и строить какие-либо планы в то время, когда англичане бездействуют. Другими словами, если метрополия до сих пор ничего не сделала для создания имперской федерации, значит в этом нет практической необходимости, и канадцам следует заняться более жизненными вопросами внутренней политики[346]. Что касается первостепенного для канадских империалистов вопроса о таможенном союзе в рамках Великой Британии, то континенталисты на основе статистики доказывали, что Соединённые Штаты со временем становятся для доминиона всё более важным торговым партнёром, поэтому было бы рациональнее вести переговоры о новой тарифной системе именно с этим государством[347].

**Торговый оборот Канады с Великобританией и США в период 1873-1887 гг.**

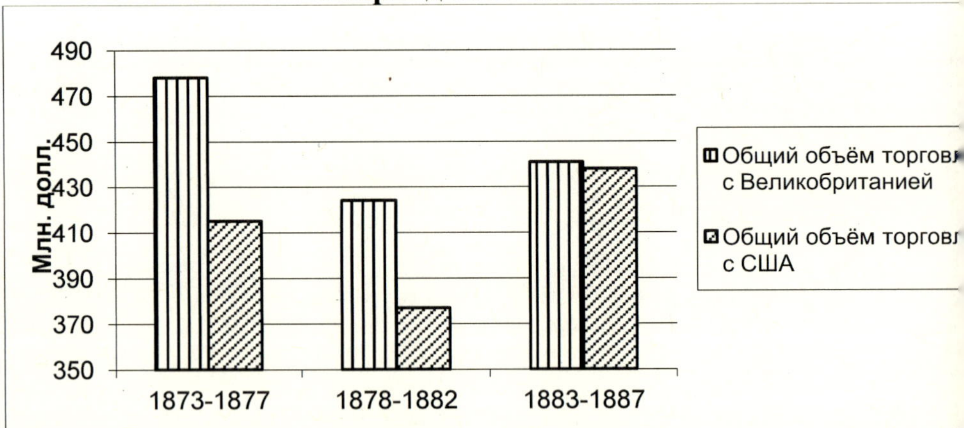

**Голдуин Смит.**

**Журналист, публицист, признанный лидер континенталистского движения.**

Приверженцы заключения нового “договора взаимности”, представлявшие интересы фермерских кругов и ориентированных на рынок США предпринимателей, видели в нём сугубо экономическую меру и, в большинстве своём, не помышляли о последующем присоединении Канады к соседней республике. Подобный договор, согласно их убеждению, представлял бы собой обычное явление во взаимоотношениях двух стран, а потому обвинения в национальной измене или политическом преступлении были в данном случае совершенно неуместными. “Из опыта общения с сотнями моих соотечественников, работающих в США, я не могу припомнить ни одного случая, когда кто-либо из них высказывался в пользу аннексии Канады, - писал в открытом письме в редакцию одной из монреальских газет предприниматель, наладивший бизнес по обе стороны канадо-американской границы, - наоборот, они все неизменно испытывали чувство глубокой преданности к английской короне.[348]” Прецедент таможенного договора 1854 г. становился главным доказательством, что подобные соглашения совсем не обязательно приводят к каким-либо далеко идущим политическим последствиям.

Более того, некоторые континенталисты полагали, что Британская империя окажется только в выигрыше, если Канаде как её американскому представителю удастся установить тесные и доверительные отношения с США посредством торговли. Развивая эту идею, бывший участник движения “Канада прежде всего”, генеральный прокурор Новой Шотландии Дж. Лонгли писал, что сближение двух родственных по языку и культуре стран Северной Америки может стать первым шагом на пути полного воссоединения всей “англоговорящей расы”[349].

Наиболее законченный вид теория континентального союза приобрела в работах уже упоминавшегося публициста Голдуина Смита. В середине 1880-х гг. его взгляды претерпели значительные изменения, сместившись с позиций национализма. Наблюдая за тяжёлыми для Канады последствиями мирового экономического кризиса середины 1880-х гг., он начал сомневаться в её способности достигнуть процветания без внешней поддержки, а также в необходимости сохранения экономических и политических барьеров между доминионом и североамериканской республикой. Постепенно Смит стал горячим сторонником более тесных отношений между США и Канадой, а в 1887 г. вошёл в Ассоциацию континентального союза, где, благодаря своим способностям, быстро оказался признанным лидером.

Рубежной работой в эволюции политических взглядов публициста стала книга "Канада и канадский вопрос". В этой работе само существование двух англо-саксонских государств в Северной Америке провозглашалось не более чем следствием трагического раскола единой англо-саксонской "расы", произошедшего по ошибке Англии[350]. Обращаясь к современному положению дел в Британской империи, Г. Смит доказывал, что это политическое образование является на деле не более чем разновидностью дипломатического альянса, а потому Канаде не следует ожидать от участия в нём какой-либо практической пользы[351]. В качестве наиболее подходящего насущным потребностям доминиона политического шага автор предлагал объединение в одном государстве Канады и США, которое должно было стать воплощением взаимовыгодного равноправного союза всех англосаксов североамериканского континента[352].

Эта решительная мера, по его мнению, позволила бы существенно ускорить развитие экономики Канады и поднять уровень жизни населения. Г. Смит подчёркивал, что около половины всего внешнеторгового оборота доминиона приходится на США и многие его отрасли промышленности, особенно рыболовство, кораблестроение и добыча полезных ископаемых, ориентированы на сбыт своей продукции именно туда. По этой причине пошлины тяжёлым грузом ложатся на рядовых потребителей и производителей в обеих странах, когда "они вынуждены платить сборы всякий раз, обмениваясь продуктами своего труда"[353]. Устранение таможенных барьеров между соседями сделало бы торговые отношения проще и дешевле и не замедлило отразиться дальнейшим подъёмом экономики всей Северной Америки.

Однако преимущества союза, по мнению Смита, не ограничивались коммерческой выгодой. Имело значение также и то обстоятельство, что объединённое государство могло гораздо эффективнее заниматься обороной континента, понижая расходы на военные нужды и одновременно увеличивая степень своей защищённости[354]. Не менее важным была и перспектива "разрешения" франко-канадского вопроса. Г. Смит доказывал, что Квебек всегда будет представлять потенциальную опасность единству федерации, устранить которую сможет только подавляющее численное превосходство носителей англо-саксонской культуры, с последующей ассимиляцией франкоговорящего населения[355].

Г. Смит признавал, что объединению двух англоговорящих стран континента препятствуют серьёзные трудности. Среди них были названы: сильное чувство имперского единства в доминионе, различия в политических системах двух государств, личные интересы некоторых деятелей, которым не выгоден этот союз по их корыстным мотивам, и другие. Однако он был уверен, что силы, действующие в пользу воссоединения, безусловно, преобладают и в итоге должны восторжествовать[356].

Необходимо отметить, что среди канадских континенталистов так и не сложилось единого представления о конечной цели их деятельности. Основная часть сторонников канадо-американского сближения не была готова пойти дальше заключения "договора взаимности" или установления режима свободной торговли между двумя странами, акцентируя внимание на сотрудничестве с США именно в экономической области. Не случайно в уставе Ассоциации континентального союза в качестве официальной цели значилось "развитие канадской торговли и промышленности посредством установления беспошлинной торговли с США"[357]. Для других же адептов континентального союза, главным вдохновителем которых выступал Г. Смит, экономическое партнёрство представлялось только первым шагом на пути к полному объединению соседних стран. Поэтому в статьях и памфлетах, издаваемых как самой организацией, так и отдельными её членами, конечной целью не раз провозглашалось полное политическое слияние Канады и Соединённых Штатов. Подобные расхождения в среде континенталистов давали дополнительные преимущества их оппонентам.

Кабинет консерваторов во главе с премьер-министром Дж. Макдональдом попытался пойти навстречу фермерству и части торгово-промышленных кругов и в декабре 1890 г. направил государственному секретарю США Дж. Блэйну предложение начать переговоры по заключению нового “договора взаимности”. По мнению канадской стороны, этот документ должен был иметь в своей основе договор 1854 г. и дополниться соглашениями об установлении границы на Аляске, разграничении территориальных вод и регламентации рыболовного промысла[358]. Однако и на этот раз американская администрация отказалась вести переговоры на каких-либо иных условиях, кроме полной отмены таможенных пошлин между двумя странами. Учитывая, что заключение такого договора нанёсло бы огромный ущерб слабой промышленности Канады и привело к неконтролируемой экспансии американских товаров и капиталов, правительство доминиона сочло его неприемлемым.

Убедившись в бесперспективности дальнейшего обсуждения таможенного вопроса и желая подорвать позиции своих противников из либерального лагеря, консерваторы решили назначить на 1891 г. внеочередные парламентские выборы. Наступление на континенталистов началось с позиций национализма и империализма. Один из ведущих канадских сторонников имперского единства директор Королевского университета в Кингстоне профессор Джордж Грант атаковал взгляды лидера аннексионистов Г. Смита, подвергнув обстоятельному анализу его книгу “Канада и канадский вопрос”. В этой работе он назвал главной ошибкой Г. Смита “игнорирование глубочайших чувств и надежд канадцев, связанных с их стремлением к самостоятельному национальному процветанию.[359]” Списывая этот недостаток на британское происхождение “оксфордского либерала”, по причине которого он не проникся “канадским духом”, Дж. Грант утверждал, что каждая нация, в том числе и канадская, должна идти своим собственным путём и ни экономические трудности, ни стремление к большему богатству не заставят её отказаться от национальной индивидуальности[360].

Не меньше критики досталось и сторонникам отмены таможенных пошлин между Канадой и США. Дж. Макдональд, например, выступая перед избирателями, доказывал, что результатом такого шага для канадской промышленности станет её неминуемый крах, тогда как истинная цель Соединённых Штатов состоит не в заключении договора, а в хозяйственном подчинении и последующей аннексии доминиона[361]. Американская пресса и политики, сами того не желая, фактически лили воду на мельницу консерваторов. Так нью-йоркские газеты пестрели красноречивыми заголовками "Кризис близок", "Судьба Канады должна быть решена", "Победа либералов означает аннексию", а госсекретарь Дж. Блэйн прямо заявил, что на выборах 1891 г. канадцы "имеют возможность избрать себе правительство в Оттаве или в Вашингтоне"[362]. На этом фоне предвыборные лозунги тори: "Старая политика, старый лидер, старый флаг", "Британским подданным я родился, британским подданным я и умру!" - удачно противопоставляли имперский патриотизм и верность британской короне экономическому сотрудничеству и политическому альянсу с соседней республикой.

Либералы же, долгое время публично выступавшие за "договор взаимности", оказались застигнуты врасплох таким ходом событий. Высказывания американской прессы невольно делали их в глазах канадской общественности сторонниками аннексии, а попытки отрицать взаимосвязь экономической интеграции и политического союза с США выглядели особенно неубедительно на фоне недвусмысленных заявлений, раздававшихся из Вашингтона. К примеру, сенатор Карлайл в своём выступлении перед прессой утверждал, что "коммерческий союз, несомненно, будет означать полное политическое слияние"[363]. В этих условиях канадские либералы, в частности У. Лорье, пытавшиеся доказать, что заключение "договора взаимности" отвечает насущным интересам их страны, были вынуждены постоянно оправдываться перед обвинениями в нелояльности и измене[364].

Политический манёвр консерваторов оказался очень удачным. Многие из тех, кто выступал за таможенный договор с США, особенно в Онтарио и приморских провинциях, теперь были вынуждены подчёркивать своё категорическое несогласие с перспективами вхождения Канады в их состав. Так известный сторонник таможенного союза Дж. Лонгли утверждая, что "уничтожение таможенных преград между США и Канадой и установление общей тарифной системы – наиболее насущный вопрос в отношениях между двумя странами",- сразу же оговаривался, что доминион "есть неотъемлемая часть Британской империи и его население сохраняет безграничную верность короне"[365].

На фоне нарастания политической напряжённости в марте 1891 г. в рядах либеральной партии произошёл серьёзный кризис. Её ряды покинул один из отцов-основателей федерации и весьма популярный в доминионе политик Э. Блэйк. Главной причиной ухода из партии он назвал несогласие со своими товарищами по вопросу об отношениях с Соединёнными Штатами. "Несколько лет назад, - объяснял Блэйк свой поступок в открытом письме, - идея присоединения к США была действительно популярна, но она была забыта, как только решилась проблема ускорения иммиграции и заселения северо-западных территорий. До этого мы пользовались рынком соседней республики и поплатились падением нравов, гражданской пассивностью общества, провинциализмом, религиозной нетерпимостью, коррупцией и безработицей. Мы остались с пустыми руками. Давайте больше не будем предавать свою страну и исправим все прошлые ошибки.[366]" Вопреки надеждам Э. Блэйка поправить политическую репутацию либерализма, взяв всю "вину" за прошлые ошибки на себя, публикация этого письма лишь усилила её восприятие его сторонников как аннексионистов, поскольку те не пожелали отказаться от континенталистских идей даже после официального "отречения" их бывшего лидера.

Выборы 1891 г. стали для канадцев поворотным моментом в определении стратегии дальнейшего развития нации. Несмотря на серьёзную критику экономической политики Дж. Макдональда вследствие растущего дефицита бюджета и государственного долга, высокой безработицы и низких темпов развития промышленности, канадцы всё же проголосовали за консерваторов, против континентального союза. Поражение, понесённое либералами, недвусмысленно показало, что вопрос о каких-либо договорах с США грозил для любой политической силы в Канаде обернуться обвинениями в нелояльности к империи, "антиканадианизме" и пособничестве американским аннексионистам. Поэтому отныне все дискуссии о континентальном единстве переместились с парламентских трибун и партийных митингов на страницы книг и периодических изданий.

Стремясь избавиться от репутации аннексионистов, либеральная партия, стала уделять гораздо меньше внимания вопросам канадо-американских отношений. Те её члены, которые имели желание продолжать борьбу за установление более тесных связей с США, основали в 1892 г. Лигу континентального союза, в рамках которой сконцентрировали свою деятельность на издании агитационной литературы, организации митингов и открытии собственных филиалов[367].

Среди сторонников таможенного союза, не намерившихся отказываться от воплощения своих идей, особенно выделялся крупный канадский предприниматель и активный общественный деятель Эрастус Уимэн. Невзирая на изменившуюся политическую ситуацию, он продолжал отстаивать мысль о необходимости отмены таможенных пошлин на североамериканском континенте. В посвящённых этой теме выступлениях и сочинениях Э. Уимэн убеждал соотечественников, что заключение торгового соглашения с США не приведёт к распаду Британской Империи, а наоборот, придаст ей большую устойчивость, обеспечив канадцам процветание и устранив среди них протестные настроения[368]. Публицист напоминал, что знаменитый "манифест аннексии", появившийся в сходных началу 1890-х гг. условиях экономического спада и до сих пор считавшийся примером наибольшей угрозы имперскому единству, на самом деле стимулировал заключение договора 1854 г., который оказался удачным политическим манёвром метрополии, позволившим

Эрастус Уиман.

Один из наиболее активных сторонников таможенного союза с США.

канадцам и удовлетворить свои экономические потребности, и остаться при этом британскими подданными. Иными словами, исторический опыт свидетельствовал в пользу заключения нового “договора взаимности”[369].

Э. Уимэн считал, что таможенный союз мог бы снять политическую напряжённость в приморских провинциях, дав им возможность развивать своё производство, ориентированное на рынки соседней республики[370]. В конечном счёте, бурный рост экономики всей Северной Америки, неизбежный после заключения торгового соглашения, должен был устранить множество проблем, тормозивших развитие канадской нации с момента начала депрессии[371]. Таким образом, в противовес критике консерваторов, экономическая интеграция в североамериканском доминионе представлялась процессом отвечающим национальным интересам Канады.

Активную агитацию продолжала и Ассоциация континентального союза во главе с Г. Смитом. Для неё экономическое сближение Канады и США было, в конечном счёте, средством к полному слиянию двух государств. Ассоциация по-прежнему убеждала канадцев, что вся логика исторического развития их страны направлена на объединение с южным соседом, но джингоисты и проимперски настроенные политики сбивают её с предначертанного судьбой курса[372].

Подтверждение своих слов континенталисты видели в большом количестве социально-экономических проблем, стоявших перед Канадой в начале 90-х годов XIX в. Они с тревогой отмечали стагнацию экономики доминиона, называя её причинами узость рынка и неразвитость хозяйственной структуры в целом. Первая выводилась, в основном, из сравнительно небольшой численности населения (4.8 млн. в Канаде против 63 млн. в США по данным на 1890 г.) и слабости связей между отдельными провинциями. Континенталисты любили повторять, что если условно убрать границу между двумя странами, то на деле обнаружилась бы не связь канадских провинций по линии Запад-Восток, а их хозяйственное партнёрство с соседними штатами по линии Север-Юг[373]. Что касается всей экономической системы, то здесь Г. Смит и его сторонники обращали внимание на слабый рост экспорта, а значит и производства товаров, дороговизну содержания государственного аппарата, непомерно большой федеральный долг (около 192 млн. долл.), неосвоенность обширных северо-западных территорий и отсталость Квебека, при общей нерешённости национального вопроса[374]. Континенталисты упорно настаивали, что экономическое и политическое объединение не только решит все эти проблемы и обеспечит свободу передвижения по огромной территории от Ледовитого океана до Мексиканского залива, но и расширит автономию провинций, уровняв их с североамериканскими штатами[375].

Приверженцы идеи союза с США отказывались принимать концепцию канадского национализма и отрицали сам факт складывания на территории Британской Северной Америке новой нации. "Мы не государство, мы просто колония, - с горечью заявляли они, - у нас нет своего места среди других наций, мы не можем разговаривать с другими народами, иначе как под присмотром британского парламента…мы никогда не станем по-настоящему едины и никогда не будем сильнее, чем Соединённые Штаты"[376]. Это убеждало континенталистов в невозможности дальнейшего развития Канады без помощи США. Поэтому если для подъёма экономики нужен был ёмкий американский рынок товаров и капиталов, то доступ на него надо было получить невзирая ни на какие обстоятельства.

В целях идеологического обоснования необходимости объединения с США адепты теории континентального союза обращались к либеральным идеям, имевшим хождение в Великобритании ещё полвека назад. Следуя за постулатами Манчестерской школы, они придерживались мнения, что вместе с экономической самостоятельностью колонии неизбежно должны обрести политическую независимость. Как следствие, Канаде уже сейчас надлежало позаботиться о собственных интересах, тем более что, по заключению Смита, её связь с империей стала совершенно призрачной[377].

При этом континенталисты игнорировали изменения, произошедшие в общественном мнении Великобритании по поводу заокеанских владений. Они упорно продолжали прибегать в своих рассуждениях к принадлежащему Б. Дизраэли и уже неактуальному сравнению колоний с "мельничными жерновами на шее Британии" или весьма расплывчатому высказыванию У. Гладстона о том "недалеком дне, когда колонии должны будут сами о себе позаботиться"[378]. В эпоху империализма конца XIX в. теория "малой Англии" и стремление метрополии освободиться от бремени содержания "формальной" империи ушли в прошлое.

Несмотря на все усилия Г.Смита и его единомышленников, их идеи не находили поддержки в политических кругах доминиона. Даже бывшие союзники-либералы, уступая росту популярности проимперских идей, пересмотрели свои программные установки. В 1893 г. лозунг "полной свободы торговли" с США был заменён в их политической платформе более гибкой идеей "ограниченной торговой взаимности", а во время предвыборной кампании 1896 г. они ещё решительнее развернулись от Соединённых Штатов к Великобритании, поддержав введение внутриимперских таможенных преференций[379]. Позицию своей партии вполне конкретно определил премьер-министр провинции Онтарио О. Моуат: "Если Канаде суждено стать независимой от Великобритании, то не для того, чтобы попасть в руки другой нации. Она в таком случае должна стать самостоятельной, и сама являть собой пример великой нации"[380].

Идея континентального союза вступила в полосу затухания. На фоне роста канадского национального самосознания и распространения проимперских настроений отношения с соседней республикой стали портиться. Начало тому положил спор Великобритании и Венесуэлы из-за пограничных территорий на западе Британской Гвианы. Переговоры по данному вопросу безрезультатно шли с начала XIX в. до тех пор, пока в 1895 г. в конфликт не вмешались США. Исходя из собственных интересов в Венесуэле, они потребовали для решения затянувшегося спора создания смешанной англо-американской комиссии.

Угроза применения американцами доктрины Монро и возможность конфликта между двумя державами из-за территорий в Западном полушарии сильно встревожили канадцев. Но ещё больше их обеспокоило официальное заявление государственного секретаря Соединённых Штатов Роберта Олни (получившее впоследствии известность как доктрина Олни), что его страна в силу географических и политических причин считает "любой европейский контроль над американской территорией абсурдным и нелепым"[381]. Поскольку в Канаде были свежи воспоминания о настроениях в США во время предвыборной кампании 1891 г., реакция на высказывание госсекретаря была особенно острой. На страницах печати Соединённые Штаты всё чаще назывались угрозой канадскому национальному существованию, а их политика неизменно становились объектом критики[382].

После десятилетий упорной политической борьбы идейные противники континенталистов праздновали победу. К середине 1890-х гг., по мере завершения мирового кризиса, Канада начала демонстрировать устойчивый хозяйственный рост, что подорвало популярность идеи развития экономических связей с США. Одновременно под покровительством нового министра колоний Великобритании, известного сторонника имперского единства Джозефа Чемберлена развернулась активная деятельность по осуществлению планов модернизации имперских отношений. Таким образом, основные тезисы сторонников союза с США о неспособности Канады развиваться, опираясь на собственные силы, и неизбежности скорого распада империи оказались опровергнуты.

Критики идей Г. Смита также с удовлетворением отмечали стабильное развитие политической и социальной системы доминиона, что открывало широкие перспективы индивидуального канадского пути развития. Его основу составлял, по их мнению, особый национальный характер жителей Канады, который со времён Войны за независимость приобрёл множество существенных отличий от американского. Согласно распространённой тогда точке зрения, высоконравственные и законопослушные канадцы, оставшиеся верными старым британским традициям и институтам, были прямой противоположностью алчным и развращённым американцам, погрязшим в коррупции и уголовной преступности. Один из современников красноречиво заметил, что “даже самые крупные скандалы, которые случаются в Канаде, не могут сравниться с той степенью морального упадка и продажности, что является повседневной нормой в Соединённых Штатах”[383].

Весьма показательно в этом отношении свидетельство министра юстиции автономной колонии Виктория Г. Риксона, посетившего Канаду в 1894-1895 гг. В одном из своих сочинений этот известный австралийский политик утверждал, что “за исключением одного писателя Голдуина Смита, взгляды которого вызывают решительное осуждение среди канадского общества я не смог найти никого в Канаде, кто относился бы сочувственно к мысли о соединении с соседней республикой”[384].

Последним ударом, окончательно сокрушившим канадский континентализм стало принятие 31 марта 1897 г. Палатой представителей Конгресса так называемого Билля Дингли, который установил самые высокие протекционистские таможенные пошлины за всю историю США[385]. Это событие на долгое время лишило практической почвы всякие разговоры о возможности заключения нового “договора взаимности” или вообще какого-либо сближения с североамериканской республикой.

***

Середине 80-х – первой половине 90-х годов XIX в. принадлежит важная роль в процессе становления канадской национальной идентичности. В это время идейно-политическое развитие страны происходило под воздействием трёх основных факторов: борьбы центробежных и центростремительных сил в отношениях провинций и федерального центра; переосмысления места доминиона в составе Британской империи и характера его связей с метрополией; выявления перспектив индивидуальной канадской модели развития на североамериканском континенте.

Противостояние и взаимодействие этих факторов сообщило дальнейший импульс развитию концепции канадского национализма, органичной частью и формой существования которого окончательно становятся идеалы имперского единства. Суть канадского "колониального" национализма состояла в стремлении модернизировать империю на принципах полицентризма: безусловного равенства и взаимовыгодного партнёрства всех её самоуправляющихся частей. Империализм при этом рассматривался канадскими националистами (как, впрочем, британскими, австралийскими и т.д.) основным средством разрешения доминионом своих внутренних и внешних задач.

Обусловленный как конъюнктурными, так и историко-культурными обстоятельствами, континентализм также оказал существенное влияние на процесс становления канадского национального самосознания. Воздействуя методом "от противного", он одновременно способствовал и сплочению канадцев на почве имперской солидарности и стимулировал общественно-политическую элиту доминиона к более чёткой и быстрой разработке идеи национальной самоидентификации как идеологического противовеса потенциальной угрозе со стороны США.

В целом же, использование концепции национализма в полемике вокруг федеративных, имперских и канадо-американских отношений привело к росту её влияния как политической идеологии. Именно эти дискуссии позволили сделать очередной крупный шаг в утверждении канадцами себя как отдельной общности в системе внутриимперских, а в более широком смысле, и международных отношений.

# ГЛАВА 3. АНГЛОКАНАДСКАЯ НАЦИОНАЛЬНАЯ ИДЕНТИЧНОСТЬ И ФРАНКОКАНАДСКИЙ НАЦИОНАЛИЗМ (1896-1914 ГГ.).

## § 1. Нация и империя: путь к самоидентификации “английской” Канады.

Последние годы XIX века протекали в Канаде в атмосфере оптимизма и больших надежд. Бурный экономический подъём, сменивший с середины 1890-х полосу затянувшейся депрессии, быстрый рост населения и стабилизация политической системы североамериканской федерации придавали её жителям уверенность в собственных силах. Знаменитая фраза премьер-министра У. Лорье о том, что “XX век будет веком Канады”, стала красноречивым выражением господствовавших общественных настроений.

Тем не менее, политическая жизнь страны была окрашена не только в радужные тона. Завершение экономического кризиса совпало с очередным обострением отношений центрального правительства и франкоязычной Канады. Оно оказалось связано с так называемым школьным вопросом в Манитобе. Согласно акту 1870 г. об учреждении этой провинции, в ней устанавливалось равноправное положение протестантских и католических школ[386]. Однако наплыв англоговорящих эмигрантов в 1870-80-е гг. сделал представительство католиков в регионе незначительным (7,3% от общего числа населения[387]). Под этим предлогом лейтенант-губернатор Манитобы Томас Гринуэй в 1890 г. отменил государственное финансирование католических школ, вызвав, тем самым, прекращение их работы. Несмотря на то, что данное решение противоречило федеральному законодательству, правительство консерваторов, долгое время закрывало глаза на сложившуюся ситуацию и не обращало внимания на активные протесты католического населения Манитобы.

Очередное ущемление прав единоверцев сразу же было замечено в Квебеке. Первоначальное стихийное возмущение быстро приняло форму кампании в защиту “духа” конституции или, выражаясь словами современников, федерального “договора”[388]. Один из интеллектуальных лидеров Квебека архиепископ А. Таше так объяснял франкоканадское понимание этого “договора”:

- доминион Канада стал результатом добровольного союза англо- и франкоканадской общины, что обусловило его двуязычие и биконфессиональность.

- возможность сохранять собственную религию и культуру есть не уступка франкоканадцам, а обязательное условие их нахождения в составе федерации.

- новые провинции, входящие в состав доминиона, присоединяются к изначальному договору и не могут в одностороннем порядке изменять его условия[389].

Логика этих рассуждений подводила к мысли, что отмена государственных субсидий католическим школам в Манитобе является таким же нарушением “договора”, как если бы это случилось в Квебеке или где-либо ещё. Таким образом, “школьный вопрос” перешагнул границы отдельных провинций и приобрёл общенациональное звучание. Для либеральной партии, традиционно выступавшей в защиту автономии субъектов и полноправия религиозных меньшинств, представился удобный случай расширить влияние во “французской” Канаде. Долгое время оно сдерживалось католической церковью, высшие иерархи которой были открыто враждебны либерализму[19]. Однако

---

[19] Наиболее ярким примером такого отношения стал изданный в 1865 г. Папой Пием IX “Syllabus errorum”, в котором основные теоретические положения либерализма были отнесены к числу “главнейших заблуждений нашего времени”. Следуя за политикой римской курии, канадский католический клир запретил прихожанам “под страхом

теперь во главе канадских “радикалов” в качестве претендента на пост премьер-министра находился политик франкоканадского происхождения – У. Лорье, чьё обещание положить конец противостоянию “английской” и “французской” Канады находило сочувственный отклик даже среди священников. Результатом идейной борьбы внутри католической церкви стала проповедь настоятеля кафедрального собора в Труа-Ривьер отца Ляфлеша 17 мая 1896 г., во время которой либерализм Лорье был назван “не тем, что осуждается церковью”, а прихожанам было позволено голосовать на выборах за его партию[390]. В итоге Квебек – традиционная опора консерваторов – на выборах 1896 г. отдал большинство голосов либералам, которые получили преимущество над противниками из лагеря “тори” более чем в 30 депутатских мандатов[391].

И хотя с приходом к власти либералов разделение школ по конфессиональному признаку не было восстановлено, учителя-католики получили право преподавать в государственных школах тех районов, где имелось католическое население, что получило название компромисса Лорье-Гринуэя.

Относительно благополучный исход спора между двумя крупнейшими языковыми общинами страны впервые дал надежду на то, что общеканадское национальное единство достижимо не только в теории, но и на практике. В англоязычной литературе стали появляться предложения скорее пригласить Квебек к совместному сотворению канадской нации, оставив его жителям право сохранить свой язык, религию и образ жизни[392]. Подобный подход, не обсуждавшийся со времён деятельности организации “Канада прежде всего”, открывал новые перспективы для межобщинного диалога.

---

смертного греха” голосовать за либеральную партию (Fay T.J. Op. cit. P. 133).

**Уилфрид Лорье.**

**Премьер-министр Канады в**

**1896-1911 гг.**

Как выражение этого стремления, во второй половине 1890-х гг. широкое распространение получила концепция канадского норманнизма. Основанная на идеях географического детерминизма, бытовавших ещё с эпохи Просвещения, и подкреплённая последними достижениями теории эволюции, она постулировала мысль о взаимосвязи климата и национального характера. В этой концепции утверждалось, что суровые северные широты, пригодные для проживания только волевых и свободолюбивых людей с высокой степенью выносливости и интеллектуального развития, на протяжении столетий были главным условием естественного отбора поселенцев в Канаде. В то время как люди ленивые, слабые и безвольные были вынуждены либо покидать территорию Британской Северной Америки, либо вовсе не приезжать туда, национальный характер канадцев становился крепче и сильнее с каждым поколением[393]. Это давало основания называть жителей Канады "норманнами Нового света", а саму страну – "резервуаром чистой северной крови всего человечества"[394].

Таким образом, географические и природно-климатические особенности стали способом утверждения идей канадского национализма и якобы особой "миссии" канадцев по сохранению на Земле людей нордического типа. Данные обстоятельства рассматривались как доказательство их равенства по отношению к "норманнам Старого света" – англосаксам Британских островов – и, одновременно, морально-нравственного превосходства над жителями США, будто бы испорченных влиянием тёплого климата и смешением с негритянской расой[395]. Вместе с тем, норманнизм открывал широкие возможности и для сплочения англо- и франкоканадского населения. Поскольку и те, и другие на протяжении веков подвергались "облагораживающему" воздействию суровой природы Северной Америки, было логично говорить о равенстве их достоинств и прав участвовать в создании канадской нации. "В настоящее время, когда федерация пробивается через многочисленные трудности создания новой страны, - писал известный историк Джон Бурино, - для французских и английских канадцев не время стоять в стороне друг от друга, они должны объединиться для совместного дальнейшего развития"[396].

С середины 90-х гг. XIX в. идеи канадского национализма всё настойчивее проникают во все сферы общественно-политической жизни. "Канадианизм" стал определяющей темой в литературе, искусстве и историографии. Под этим термином теперь понималось признание приоритета всего "канадского" над "неканадским". Именно с этого времени отличительной чертой канадского изобразительного искусства становится особое внимание к сюжетам пейзажного характера и сельскому быту[397]. Художники предпринимали первые попытки найти те образы и выразительные средства, которые могли бы запечатлеть канадскую самобытность. Особенно часто в этих целях изображались бескрайние природные просторы, заваленные снегом просёлочные дороги и дремучие лесные чащи, рисовавшие картину суровой, но, вместе с тем, спокойной и лишённой суеты повседневной жизни.

В исторических сочинениях повествование также всё чаще выстраивалось вокруг идеи уникальности канадского пути развития. Двумя его основными особенностями считались природные условия Британской Северной Америки и процесс длительного сосуществования и взаимовлияния англо- и франкоязычного населения. Согласно изменившейся стратегии создания национальной истории, популярные ранее сюжеты соперничества европейских империй, колониальных войн и политики метрополий по отношению к заокеанским владениям сменились попытками объяснить своеобразие исторического опыта и современного состояния страны, исходя из особенностей её собственного прошлого. Объектом исследования канадских историков становятся процессы освоения западных территорий, формирования отдельных общественно-политических институтов, биографии выдающихся государственных деятелей[398]. Показательно, что в общем тематическом ряду пятитомной исторической энциклопедии, изданной в 1898 г. в честь шестидесятилетнего юбилея правления королевы Виктории, события англо-французских колониальных войн занимали место не большее, чем, например, вопросы, связанные с развитием канадской журналистики[399].

Между тем, понятия имперского и канадского патриотизма оставались неразделимы для большинства англоканадцев, а общественно-политическая жизнь доминиона по-прежнему находилась под прямым воздействием внутриимперских отношений. С приходом в министерство колоний Великобритании в 1895 г. Джозефа Чемберлена многочисленные планы укрепления имперского единства, казалось, приобрели совершенно новые перспективы. Весной 1896 г. этот известный политик совершил свой второй визит в доминион, во время которого выступил с программной речью в Канадском клубе Оттавы. Основные её положения, отражавшие не только личные взгляды министра колоний, но и его адептов-империалистов, сводились к следующему: высший политический идеал - имперское единство, конкретная задача - образование тесного союза Великобритании и её самоуправляющихся колоний, главное средство - торговая уния[400].

Канадские сторонники имперской интеграции теперь могли быть довольны: официальный Лондон впервые за многие годы вёл речь об экономическом сотрудничестве как о способе сплочения империи. Выступление Дж. Чемберлена вызвало новый виток дискуссий вокруг путей его практического воплощения. Для либеральной партии представилась удобная возможность избавиться от репутации проамерикански настроенной политической силы и продемонстрировать свою лояльность короне. Весной 1897 г. У. Лорье объявил о намерении ввести покровительственный таможенный тариф в отношении стран Британской империи, показав готовность на деле поддержать позицию министра колоний. Правда премьер-министр оговорился, что эти преференции будут рассчитываться таким образом, чтобы они не нанесли вреда экономике самой Канады и даже послужили ей на пользу[401].

В 1897 г. парламент Канады утвердил законопроект о введении нового, протекционистского таможенного тарифа, в котором для продукции из стран Британской империи предусматривалась льгота в 12.5% (через некоторое время она возросла до 25%, а в 1900 до 33.3%)[402].

После этого шага слово было за Великобританией. Прежде всего, принятые Оттавой меры потребовали от Лондона корректировки его внешнеэкономического курса. Как часть империи доминион состоял участником англо-германской и англо-бельгийской торговых конвенций и поэтому льготы, предоставленные Канадой Великобритании, автоматически распространялись на изделия, ввозимые из Германии и Бельгии. На колониальной конференции 1897 г. У. Лорье решительно выступил за отмену данных договоров. Одновременно он отказался субсидировать содержание имперского флота и не поддержал идею создания "имперского совета" – консультативного политического органа метрополии и её автономий. Канадский премьер последовательно отстаивал путь сплочения империи именно через экономическое сотрудничество. С ним во многом был согласен и министр колоний, который поддержал его таможенные инициативы и добился денонсации договоров, продемонстрировав тем самым неизменность своего курса[403].

В Канаде действия либерального правительства встретили широкое одобрение. Для многих адептов идеи имперского единства факт введения доминионом таможенных преференций имел не столько экономическое, сколько идейно-политическое значение. "С точки зрения империи на первом месте стоит не спор между коммерческими принципами свободной торговли и протекционизма, а проблема её унификации и консолидации, - обращался к своей аудитории министр по делам образования провинции Онтарио Дж. Росс, - поэтому важнейший вопрос нашего времени заключается в том, как выразить на практике, в материальной форме, общее стремление к более тесным имперским связям"[404].

Пристальное внимание британской прессы и политиков к экономическому курсу кабинета Лорье вселяли оптимизм в североамериканских империалистов. В 1899 г. президент канадского отделения Лиги Британской империи Дж. Денисон вынес на обсуждение единомышленников план дальнейших действий. Он предусматривал создание в доминионе новых угольных станций и центров подготовки моряков для британского флота, многократное увеличение численности сухопутных сил и превращение страны в имперскую продовольственную базу, развитие которой могло быть обеспечено введением системы преференциальных тарифов[405]. Последний пункт плана Денисона получил наибольшую поддержку деловых и общественных кругов. В середине 1890-х гг. около 85% мирового экспорта зерновых принадлежало двум потенциально враждебным Британской империи государствам: США и России (первое из них считалось недружественным после “венесуэльского инцидента” 1895 г.)[406]. В условиях нараставшего соперничества европейских держав, уже неоднократного грозившего обернуться широкомасштабным вооружённым конфликтом, интересы продовольственной безопасности Великобритании – крупнейшего мирового импортёра продуктов питания, казалось, во многом зависели от темпов развития аграрного сектора экономики автономий и, прежде всего, Канады, которая могла подать руку помощи метрополии в случае войны или другого бедствия.

Начавшаяся в 1899 г. англо-бурская война предоставила канадцам возможность одновременно выразить свои чувства имперской солидарности и национальной гордости. Британское руководство активно подталкивало их к этому. Ещё за несколько месяцев до начала боевых действий Дж. Чемберлен известил У. Лорье о готовящейся “демонстрации силы” на юге Африки и настоятельно предложил принять в ней участие[407]. Лондон недвусмысленно рассчитывал на самую активную поддержку своих действий самоуправляющимися колониями, что должно было сблизить их друг с другом и с метрополией на почве участия в общем деле.

Призыв министра колоний воодушевил канадских сторонников имперского единства. При поддержке консервативной партии они задолго до начала боевых действий стали требовать от правительства снаряжения экспедиционных сил для оказания помощи “стране-матери” в надвигающейся войне. Военное общество Торонто направило официальной Оттаве резолюцию с призывом сформировать и передать в распоряжение метрополии воинский контингент, взяв на себя все расходы по его снаряжению и транспортировке. А один из депутатов парламента полковник С. Хьюз даже предложил возложить на него всю ответственность за выполнение этой задачи[408]. В многочисленных газетных и журнальных статьях, включая такие авторитетные изданиях как "Глоуб" и "Монреаль дэйли стар" империалисты подчёркивали, что добровольцы, в случае войны, должны быть отправлены официально от имени правительства, дабы подчеркнуть единство доминиона с другими частями Великой Британии[409].

Несмотря на то, что Канада не имела собственных интересов в Южной Африке, её проимперски настроенные круги пытались найти достаточно веские основания для вступления доминиона в надвигающуюся войну. Прежде всего, участие в боевых действиях представлялось им тем необходимым испытанием, которое должна пройти любая страна на пути своего становления в качестве зрелой нации. Руководствуясь этой идеей, "Глоуб" предлагала "вооружить" канадский контингент собственной национальной символикой, в частности, флагом с изображением кленового листа или бобра, чтобы продемонстрировать всему миру "факт рождения новой нации на месте бывшей колонии"[410]. Таким образом, война для англоканадского национализма выступала в качестве своеобразного акта инициации "кровью" на полях имперских сражений.

Вместе с тем самосознание нации утверждалось и через понимание своей значимости в империи, возможности принятия, пусть и "подсказанных" из Лондона, но по сути самостоятельных решений. Надвигавшаяся война представила шанс на деле продемонстрировать всю силу чувств имперского единства, о котором так много говорилось ранее. Сражение рука об руку со "страной-матерью" за общие идеалы демократии и "права" англоговорящих жителей Южной Африки – вот что могло сплотить империю лучше любых теоретических построений и доказать, что канадцы нисколько не уступают британцам в доблести и силе характера[20][411]. Наконец, как следствие взаимодействия союзников на поле боя, должно было придти признание права Канады на равных с Великобританией участвовать в формировании общеимперского политического курса.

Империалисты настойчиво формировали в общественном мнении доминиона крайне негативный образ жителей Трансвааля и Оранжевой республики. В статьях и памфлетах буры представлялись грубыми дикарями, потерявшими всякую связь с благородной европейской культурой, которые в силу своего невежества и отсталости не способны самостоятельно наладить эффективное управление собственным государством и обеспечить процветание его граждан[412]. В печати то и дело появлялись сообщения, описывающие крайнюю степень упадка южноафриканских республик. “Городские нечистоты стекают прямо по улицам в реки, из которых люди потом берут воду для питья, пьяные полицейские то и дело стреляют из револьверов по местным жителям из-за всякого пустяка”, – писал, к примеру, один из “возмущённых” публицистов того времени[413]. Как следствие долгом канадцев объявлялась необходимость помочь метрополии донести “свет цивилизации” до “несчастных” жителей бурских республик путём свержения деспотичного правительства П. Крюгера. Таким образом, “канадианизм” подкреплялся чувством принадлежности Канады к наиболее прогрессивной части человечества – Британской империи и

---

[20] Официальной причиной конфликта представлялся отказ властей Трансвааля и Оранжевой республики придать английскому языку статус государственного, а также снизить ценз оседлости для получения англоговорящими иммигрантами избирательных прав с 7 до 5 лет. Таким образом, будущая война изначально получила в глазах империалистов гипертрофированный образ “битвы за абсолютные ценности человеческой цивилизации”: демократию и гражданские права человека, что само по себе уже считалось достаточным основанием для вмешательства во внутренние дела южноафриканских республик.

участием в её “справедливой борьбе за идеалы всего цивилизованного мира”[414].

Однако настроения имперской солидарности были характерны не для всех канадцев. Среди либералов было немало тех, кто занимал строго изоляционистскую позицию и считал, что Канада не должна вмешиваться в какие бы то ни было военные конфликты, пока не существует прямой угрозы её безопасности или, по крайней мере, пока не задеты её собственные интересы. Желающим сражаться за интересы метрополии предлагалось вступать в английский полк и отправляться в Южную Африку[415]. Национализм в данном случае впервые отмежевался в “английской” Канаде от традиционной формы своего воплощения – империализма. Немаловажную роль при этом сыграл и весьма неблаговидный этический подтекст “войны всей Британской империи против 30.000 фермеров”[416], который явно не соотносился с пафосной риторикой империалистов об оборонительном характере действий Великобритании.

У. Лорье оказался в трудном положении: с одной стороны, на него оказывали мощное давление консерваторы и все проимперски настроенные круги, а с другой – ему приходилось считаться с мнением соратников по либеральной партии, без поддержки которых он рисковал столкнуться с непониманием в правительстве, и антивоенными настроениями в Квебеке, избиратели которого уже дважды обеспечивали победу либералов на федеральных выборах. К удовлетворению премьер-министра обстоятельства сложились весьма благоприятно. Англо-бурская война началась 2 октября 1899 г., когда парламент доминиона находился на каникулах. Воспользовавшись этим, У. Лорье тут же заявил, что правительство берёт на себя расходы по экипировке и транспортировке добровольцев в количестве 1 тыс. человек и не стал созывать досрочную сессию парламента, сославшись на незначительность расходов[417]. В итоге, он сумел убить двух “зайцев” сразу: и проявить солидарность со “страной-матерью”, и избежать парламентских дебатов по вопросу об отправке войск. Впрочем, такой компромисс устроил не всех. Многие империалисты были недовольны тем, что правительство так и не выразило официальную поддержку Великобритании отправкой подразделения регулярной канадской милиции, ограничившись лишь оснащением и транспортировкой добровольческих отрядов. В лагере тори Лорье прозвали “сэр Уонтфрид” (Sir Won’tfrid – “сэр Нехочу”), намекая на его крайнюю умеренность, тогда как Анри Бурасса от имени националистов дал премьер-министру другое прозвище – “Ваффли Уилфи” (Waffley Wilfy – “Запутывающий Уилфи”), как бы отдавая дань его умению выходить из самых трудных ситуаций[418].

На очередных парламентских выборах, состоявшихся в ноябре 1900 г., либеральная партия ещё больше увеличила свой отрыв от консерваторов[419]. Таким образом, население страны, в целом, одобрило недавнее решение У. Лорье по поводу участия в конфликте. Он верно уловил доминирующее умонастроение своих сограждан, которым было важно, что глава правительства, приняв решение о поддержке метрополии, сделал это именно в той форме, которая отразила особую позицию и самостоятельную роль доминиона в составе империи. “Две тысячи канадцев захотели пойти на войну и, если будет нужно, отдать свои жизни за честь страны. Разве мы могли им это запретить? – Объяснял премьер-министр свои действия новому составу парламента. – Мы собрали этих людей в одном полку и дали им командира из числа их товарищей, и теперь весь мир смотрит на них, удивляется их храбрым сердцам и героическим делам и понимает, какая мощная сила поднимается здесь, в Западном полушарии”[420].

Следует, однако, отметить любопытный факт, свидетельствовавший об определённых тенденциях в развитии англоканадского национализма. Хотя для большинства жителей доминиона участие их страны в англо-бурской войне было делом политического принципа, нельзя не обратить внимания на сравнительно небольшой удельный вес канадских частей в общеимперских экспедиционных силах. Несмотря на все горячие дискуссии об участии в конфликте, шумные агитационные кампании и даже массовые драки на улицах городов, североамериканский доминион послал на защиту прав уитлендеров в Южную Африку всего на пять сотен добровольцев больше, чем Новая Зеландия, уступавшая ему в численности населения в 7.5 раз. Вообще, если не считать Капской колонии, непосредственно примыкавшей к территории боевых действий, то степень участия “новых англо-саксонских обществ” в конфликте была обратно пропорциональна их опыту автономного политического существования[421]. Можно сказать, что в этом проявилась зрелость канадского патриотизма, не предполагавшего массового участия в военной кампании, в которой доминион не имел собственных интересов.

**Участие вооружённых сил автономных колоний в англо-бурской войне**

| | Численность населения (млн. чел.) | Численность воинского контингента в Южной Африке. | % участников от общего числа жителей. |
|---|---|---|---|
| Канада | 5.3 млн. чел. | 7 тыс. чел. | 0.13 % |
| Австралия | 3.7 млн. чел. | 16 тыс. чел. | 0.43 % |
| Новая Зеландия | 0.7 млн. чел. | 6.5 тыс. чел. | 0.92 % |
| Капская колония | 0.95 млн. чел. | 50 тыс. чел. | 5.2 % |

Южно-африканская война убедила общественность Канады в правильности курса, избранного страной в имперских отношениях. Как показали события, в случае необходимости она может оказать поддержку “стране-матери” и без прямого выделения средств на её оборону или создания каких-либо общеимперских органов. Более того, многие канадцы гордились тем, что пришли на помощь Великобритании исключительно из патриотических побуждений и настроений англо-саксонской солидарности, а не из обязанности соблюдать какие-либо формальные договорённости[422].

Степень и характер участия Канады в англо-бурском конфликте приводила её жителей и к мысли о высокой степени самостоятельности федеральных властей в Оттаве. Поэтому если раньше необходимость создания имперского парламента или совещательного совета доказывалась с точки зрения повышения статуса и возможностей автономий в отношениях с метрополией, то в начале XX в. канадцы всё меньше видели в этом смысл. Создание наднациональных общеимперских органов, согласно распространённому мнению, теперь не увеличило бы, а, наоборот, ограничило пределы реальной самостоятельности доминиона. Регулярные консультации премьер-министров метрополии и самоуправляющихся колоний виделись идеальной формой политического взаимодействия внутри империи[423].

Обстоятельства сложились так, что доминиону не пришлось долго ждать, чтобы на деле удостовериться, какова степень его влияния на политику метрополии и как далеко она готова пойти ради поддержки устремлений своего наиболее ценного имперского союзника. В 1903 г. в центре внимания политических и общественных кругов Канады вновь оказались отношения с США, на этот раз в связи с завершением работы объединенной англо-американо-канадской комиссии по демаркации границы на Аляске. Проблема установления северо-западных рубежей доминиона существовала с момента его образования и была вызвана отсутствием чёткой разграничительной линии между владениями США, приобретёнными в 1867 г. у России, и территорией канадской провинции Британская Колумбия[424].

Особое значение этот вопрос получил в последнее десятилетие XIX в. под воздействием золотой лихорадки, охватившей бассейн реки Юкон. Поток поселенцев и товаров на Северо-западные территории Канады стимулировал экономическое развитие всего региона и сделал актуальной организацию транспортного сообщения этой части Аляски с остальным миром. Власти США заявили о правах на узкую полосу прибрежных территорий, которая являлась ключевой для организации системы морских коммуникаций с районами канадской золотодобычи. В свою очередь, и правительство Лорье потребовало передачи ему части тихоокеанского побережья[425].

В состав арбитражной комиссии, призванной положить конец спорам, вошли два представителя Канады, один Великобритании и три Соединённых Штатов. Канадцы закономерно рассчитывали на поддержку их позиции метрополией. Однако в условиях изменения геополитической обстановки и расклада сил на мировой арене, Великобритания не собиралась портить отношения с мощной североамериканской державой, влияние которой становилось сильнее год от года. Позиция Лондона определялась также и настроениями англо-саксонской солидарности, широко распространившимися среди британской политической элиты на фоне соперничества европейских империй. Весьма характерной в этом плане была точка зрения Дж. Чемберлена. "Я отказываюсь считать США чужой нацией, - заявлял он несколькими годами ранее, - Мы с ними одной расы и крови. Я также отказываюсь проводить какие-либо различие между интересами англо-саксов в Англии, в Канаде или США… Мы все часть одной большой семьи"[426].

В итоге, представитель Великобритании лорд Альверстон поддержал требования американцев, и арбитражная комиссия полностью удовлетворила их интересы. Канадские делегаты отказались подписать окончательное решение, по которому часть северо-западных территорий страны оказалась отрезанной от выхода к Тихому океану[427]. Но на деле у доминиона не осталось никакой возможности оспорить результаты работы арбитража[21].

Демаркация границы на Аляске сильно охладила чувства канадцев по отношению к Великобритании. Общественное мнение доминиона расценило такой шаг метрополии не иначе как предательство, в стране разразилась буря негодования. "Вся внешняя политика Великобритании в Западном полушарии – это история

[21] В 1956 г. канадское правительство предложило пересмотреть несправедливое, по его мнению, решение. Однако американские власти отказались даже от обсуждения итогов работы арбитража 1903 г., заявив, что данный вопрос решён окончательно и пересмотру не подлежит.

предательств наших интересов”- заявлял в публичных лекциях профессор юридической академии Торонто Джон

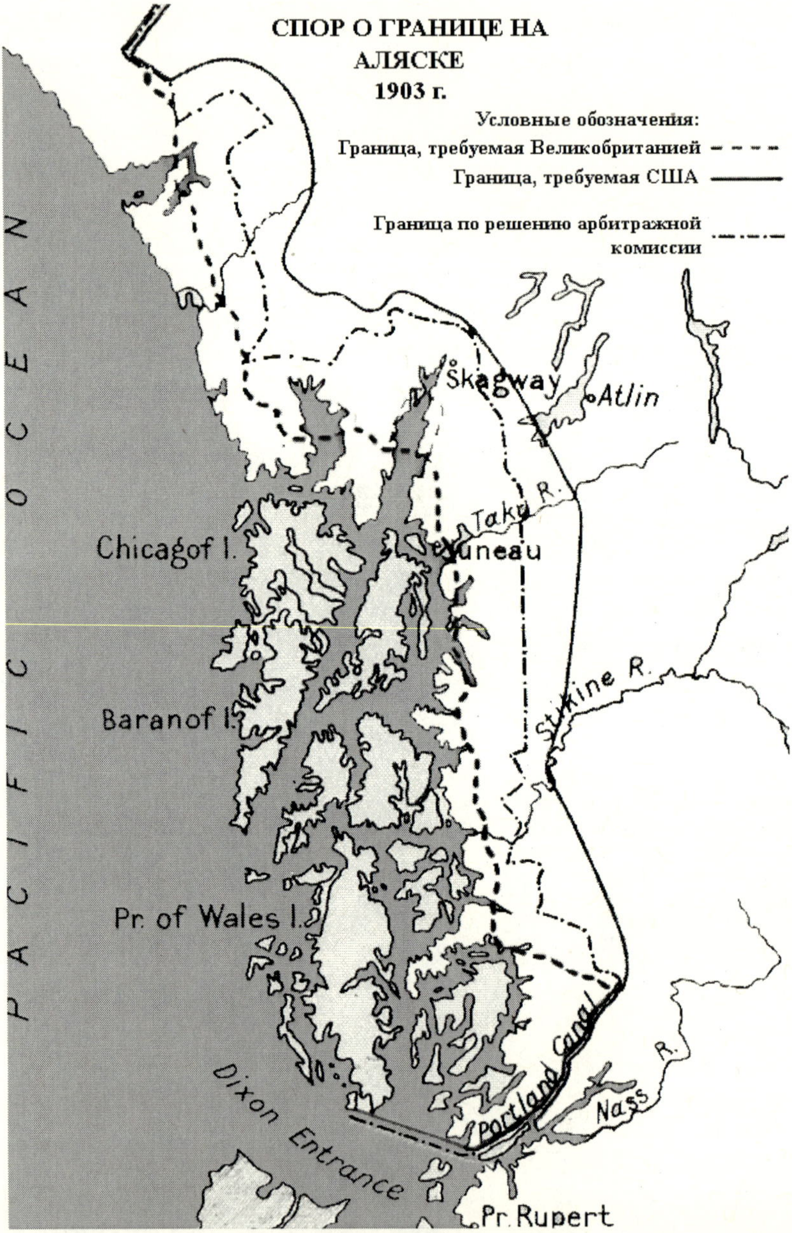

Кинг. “Джон Буль уже слишком много задолжал канадцам”, - вторил ему У. Лорье с официальной трибуны[428].

Особенное возмущение среди канадцев вызывал тот факт, что откровенное жертвование Великобританией их интересами произошло вскоре после завершения англо-бурской войны, в момент наивысшего подъёма идей имперского единства[429]. Выраженный эгоистический характер действий метрополии пробуждал серьёзные сомнения в искренности её намерений развивать взаимовыгодные отношения с автономными колониями. Косвенным подтверждением тому служили неудачи попыток Дж. Чемберлена убедить британцев в необходимости отступления от политики фритреда в пользу покровительственных тарифов. Приход же к власти в Великобритании в 1906 г. либеральной партии и тяжёлая болезнь самого Дж. Чемберлена сделали ещё менее вероятным создание системы имперских преференций. Либералы теперь ясно дали понять, что не собираются отказываться от проверенной временем политики фритреда ради сомнительных, по их мнению, преимуществ экономического союза с самоуправляющимися колониями[430].

Канадцы почувствовали себя недостаточно защищёнными в сфере международных отношений, куда они всё больше втягивались объективным ходом событий. Немногие ожидали впредь от соседства с США чего-либо иного, кроме очередных неприятностей. Согласно бытовавшему мнению, в Вашингтоне до сих пор вынашивали планы ослабления, подчинения и, в конечном итоге, присоединения доминиона[431]. Лишь некоторые континенталисты, такие как Г. Смит, сохраняли оптимистичный взгляд на будущее канадо-американских связей. Продолжая доказывать необходимость слияния США и Канады в одно государство, этот публицист обращался теперь в основном к этнической и культурной однородности жителей двух стран. По его мнению, активная эмиграция из Соединённых Штатов в Канаду за прошедшее десятилетие окончательно устранила последние различия между населением по разные стороны 49 параллели. Идеалом Г. Смита по-прежнему оставалось “стирание бессмысленных границ между людьми Северной Америки”, но он мог лишь надеяться на то, что это событие настанет когда-нибудь в отдалённом будущем[432].

Г. Смит был одним из последних, кто верил в гипотетическую возможность политического объединения Канады и США. Другой активный участник дискуссий 1880-1890-х гг. и сторонник континентального союза Волансей Фуллер с досадой признавал полную невозможность слияния двух стран. Тем не менее, он был рад, что канадский Запад осваивается переселяющимися из Соединённых Штатов англосаксами, а не чуждыми североамериканским традициям и культуре элементами, вроде немцев и итальянцев, которые “заполонили” Нью-Йорк[433].

Пошатнувшаяся вера в имперское единство и неспособность метрополии защитить интересы доминиона стали причиной растущего скептицизма канадцев как к новым проектам укрепления имперского единства (например, план имперского совета министра колоний Альфреда Литтелтона), так и к намечавшейся в 1907 г. колониальной конференции. Многие считали это попыткой влить “вино” старой колониальной системы в “мехи” новых проектов и совещаний[434]. Присутствие на очередной колониальной конференции канадского премьера считалось бессмысленным из-за равнодушного отношения английского правительства к партнёрам по империи и его нежелания рассматривать вопрос об установлении взаимных преференций[435].

В общественно-политических кругах доминиона бытовало мнение, что в Лондоне речь пойдёт, прежде всего, о важной для Уайтхолла проблеме субсидировании британского флота, затем встанет вопрос о перспективах дальнейшего политического сближения, а наиболее значимая для Канады тема таможенных преференций вообще не будет иметь никаких шансов[436]. Для Оттавы же эти вопросы по степени значимости располагались в обратном порядке. У. Лорье не раз подчёркивал, что если Канада и окажет практическую помощь Великобритании в каком-либо конфликте, как, например, в англо-бурской войне, то это будет её свободное волеизъявление, основанное на собственных интересах и соображениях[437]. Таким образом, позиция Канады по вопросам обороны ещё до открытия конференции была вполне определённой.

С самого начала конференции 1907 г. У. Лорье мало участвовал в дискуссиях и занял пассивную позицию, точно отражавшую царившие в доминионе настроения по поводу реформирования империи. Он твёрдо высказывался против создания общеимперских совещательных органов и проявил наибольшую активность при обсуждении нового официального термина для обозначения самоуправляющихся колоний Великобритании[438]. Показательно, что именно для Лорье было наиболее важно, чтобы автономии отныне носили официальное название “доминион”, подчёркивавшее их особый статус в составе империи. В отличие от представителей австралазийских самоуправляющихся колоний, премьер-министр Канады был достаточно удовлетворён текущим состоянием имперских отношений, которое, как он полагал, позволяло его стране медленно, но неуклонно увеличивать степень своей государственной самостоятельности.

Итоги конференции 1907 г. ещё раз подтвердили точку зрения имперских скептиков, что автономии и метрополия никогда не смогут придти к согласию по какому-либо важному вопросу в силу различий во взглядах и интересах. Вообще же канадские сторонники имперского единства всё реже смотрели на положение дел с проимперских позиций и всё больше отказывались от планов политической интеграции. Среди них, практически, не оставалось тех, кто, рассуждая о проблемах Великой Британии, не мыслил бы Канаду в будущем фактически независимым государством[439]. Соответственно и отношения с метрополией и другими автономиями должны были выстраиваться, по их мнению, исходя из этой перспективы.

С момента образования доминиона националисты видели в повышении его имперского статуса наилучший способ стимулировать формирование собственной идентичности. Долгое время Британская империя считалась ими прекрасной оболочкой для “вызревания” канадской нации. Однако теперь стали возникать сомнения в том, действительно ли империя продолжает играть в этом процессе позитивную роль.

Согласно постепенно набиравшим силу представлениям, только укрепление политической самостоятельности североамериканской федерации вплоть до её полной независимости могло способствовать дальнейшему развитию “канадианизма”. Такая точка зрения получила название автономизма, так как её сторонники выступали против любых действий, направленных на укрепление и, тем более, централизацию Британской империи. Характерно, что на страницах канадской периодической печати появились невиданные ранее сравнения возможных выплат на содержание британского флота с “колониальной данью” времён XVIII века, а попытки создания имперской федерации толковались не иначе как “стремление Лондона урезать самоуправление автономных колоний до ничтожного размера”[440].

В первые годы XX в. общее число автономистов было невелико, однако их идеи быстро набирали популярность. Среди концепций, ориентированных на развитие канадской национальной идентичности без опоры на империализм, наибольшую известность в общественно-политических кругах англоязычной Канады приобрели взгляды Джона Скирвинга Юарта.

Юрист по образованию и роду деятельности, Юарт часто обращался к правовым аспектам организации Британской империи и приходил к выводу об аномальном положении самоуправляющихся колоний по отношению к метрополии. “Мы подчиняемся парламенту, в котором не имеем представительства, - писал он в одной из своих публикаций. - Мы зависим от дипломатов, на которых не имеем ни малейшего влияния. Наше мнение не берётся в расчёт и даже не выслушивается…внешняя политика Великобритании может хоть завтра ввергнуть нас в войну с Францией или США, и мы не сможем возразить даже шёпотом. Нам останется только сражаться и платить.[441]”

Юарт считал, что имперская федерация была единственным способом представить мнения автономий на общеимперском уровне, но такая возможность была безвозвратно упущена. “Более четверти века мы обсуждали, спорили, изучали и надеялись создать её, - писал он 6 мая 1908 г. в “Галифакс геральд”, - но время шло и все предложения были отброшены, все планы забыты. Ничего не осталось, и никто не станет утверждать сейчас, что имперская федерация достижима”[442].

В условиях, когда планы реформирования империи представлялись обречёнными на провал, достижение полной самостоятельности от метрополии виделось Дж. С. Юарту единственно возможным вариантом развития Канады. “Каждый шаг в нашей политической эволюции являлся шагом в сторону самоуправления, - рассуждал он. - Это было также постоянное движение в сторону независимости. И если когда-нибудь это движение закончиться, то лишь потому, что мы достигнем конечной цели нашего пути.[443]” Подобно его единомышленникам, Юарт уже видел Канаду де-факто суверенным государством, сохранявшим лишь видимость подчинения метрополии, а на деле проводившим “собственный политический курс ”[444].

По этой причине наиболее актуальной задачей считалось сохранение и расширение “подлинного самоуправления” доминиона, которое понималось как возможность федерального парламента и далее иметь всю полноту контроля над политической жизнью страны. Автономисты пока не ставили на повестку дня вопрос о признании суверенитета Канады, но видели в проектах создания имперского совета или субсидиях на строительство британского флота вмешательство в её внутренние дела[445]. Единство империи уже не казалось им тем абсолютным благом, во имя которого можно было жертвовать хоть какой-то частью канадской самостоятельности.

Не отрицая необходимости развития связей между различными частями империи, автономисты призывали уделять первоочередное внимание внутренним проблемам доминиона. Освоение огромных незаселённых территорий, развитие инфраструктуры, решение межнациональных проблем требовали, как они были уверены, гораздо большего

**Джон Скирвинг Юарт.**

**Журналист, публицист, один из идеологов канадского национализма.**

внимания, чем отношения с метрополией[446]. Фактическая независимость должна была рано или поздно получить своё юридическое воплощение, и задача канадцев заключалась в подготовке страны к этому историческому моменту.

Провозглашая свободу конечной целью политического развития Канады, Дж. С. Юарт, однако, признавал большую значимость чувства имперской солидарности для её жителей. Стремление к разрыву связей с метрополией и "сестринскими" колониями являлось, в целом, нехарактерным для автономистов[447]. Поиск новых форм организации Великой Британии, основанной на союзных взаимоотношених, в которой доминионы представляли бы из себя не автономии, а суверенные национальные государства был для них одной из центральных проблем.

В своих сочинениях Дж. С. Юарт не переставал удивляться тому обстоятельству, что Канада всё ещё официально находилась под опекой министерства колоний Великобритании. Он совершенно справедливо замечал, что доминион уже давно не колония в традиционном смысле этого слова, и его жителей можно считать только "подданными короля, но не подданными подданных короля"[448]. Чтобы одновременно укрепить единство Британской империи и вывести её североамериканские владения на новый, более высокий уровень национального существования, публицист предлагал создать Королевство Канада с английским монархом во главе, передав всю полноту власти над североамериканской федерацией из Лондона в Оттаву[449].

Согласно замыслу Юарта, Королевство Канада должно было обладать всеми атрибутами независимого государства, но при этом оставаться связанным посредством личной унии с остальными странами империи. Таким образом, по его мнению, можно было достичь компромисса между насущной потребностью Канады самостоятельно решать все вопросы внутренней и внешней политики и её давним стремлением развивать внутриимперское сотрудничество в области экономики и систем коммуникации[450].

Официальный курс либерального правительства У. Лорье в своей сути также становился всё ближе к автономизму (хотя в политическом лексиконе либералов гораздо чаще использовался термин “национализм”). Показательно, что в 1907 г. Канада первой из доминионов провела самостоятельные международные переговоры, которые касались заключения торгового соглашения с Францией, и создала Департамент внешних сношений, занимавшийся первоначально лишь иммиграцией, но имевший большое символическое значение[451]. Подобные шаги недвусмысленно показывали, что Оттава впредь не желает полностью доверять Лондону в вопросах внешних сношений.

Схожий характер отношения между доминионом и метрополией приобрели и в военной области. В 1909 г. в центре внимания общественно-политических кругов Канады вновь оказалась проблема укрепления военно-морской обороны империи. На этот раз ситуация вышла за рамки чисто теоретических рассуждений. В марте этого года премьер-министр Великобритании Г. Асквит и первый лорд Адмиралтейства Р. Маккена сделали в палате общин заявления, в которых выразили озабоченность растущей мощью иностранных флотов (прежде всего, германского) и доказывали необходимость выделения дополнительных средств на строительство восьми современных линейных кораблей, известных в то время как “дредноуты”. “Угроза британскому морскому превосходству” вызвала настоящий переполох не только в метрополии, но и в доминионах, положив начало так называемой дредноутской панике[452].

Даже гипотетическая возможность потери Великобританией господства на море произвела на общественное мнение Канады ошеломляющий эффект. Всего через несколько дней после заявления Асквита и Маккены парламент доминиона, при редком единодушии англо- и франко-канадских депутатов, поддержал предложение У. Лорье о создании собственной канадской военно-морской службы, которая бы постоянно находилась “в тесном сотрудничестве с имперскими силами”[453]. Как предполагал премьер-министр, она должна была представлять собой две флотилии (в Атлантическом и Тихом океане), состоящие из лёгких кораблей, комплектование и управление которыми должно было осуществляться из Оттавы, хотя, при необходимости, могло передаваться и в Лондон[454].

Однако по мере охлаждения страстей и углубления в практические вопросы строительства кораблей и выделения денежных средств на их укомплектование, выяснилось, что мнение канадцев по этому вопросу далеко не так однородно, как могло показаться вначале. Уже через несколько месяцев канадские сторонники имперского единства полностью отказались от идеи создания собственного флота. В своих выступлениях перед публикой и в печати они настойчиво предлагали правительству последовать примеру Новой Зеландии, направив денежные средства прямо на строительство кораблей для британских ВМС, что, по их мнению, было бы и рациональнее с точки зрения единства системы обороны и наилучшим образом отвечало требованиям имперской солидарности[455]. Этой позиции придерживалось большинство членов консервативной партии и многие видные общественные деятели Онтарио.

В то же время, среди националистов, ориентированных на расширение автономии доминиона, крепло мнение о бессмысленности не только выделения средств на строительство британского флота, но и даже на постройку собственных военных кораблей. По их мнению, само географическое положение доминиона оставляло ему только одного потенциального противника – США, вероятность крупномасштабной войны с которым считалась теперь минимальной. Но даже если бы война с соседней республикой и стала реальностью, то польза от канадского флота в ней была бы крайне мала[456]. По этой причине автономисты призывали не втягивать страну в европейскую гонку вооружений и не отвлекать усилия канадцев на строительство флота, в котором они не имели необходимости.

С другой стороны, формирование собственных ВМС Канады было, в представлении националистов, гораздо меньшим злом, нежели передача части федерального бюджета в безотчётное пользование метрополии. Хотя и в этом случае на повестку дня неизбежно становились вопросы об участии доминиона в имперских войнах, о степени его влияния на внешнюю политику Великобритании и статусе канадского флота. Сторонники автономии обоснованно опасались, что метрополия будет пытаться использовать военно-морские силы доминиона далеко за пределами сферы интересов Канады. "За последние полвека Англия вела гораздо больше войн, чем любое другое государство, - доказывал свою позицию известный общественный деятель Анри Бурасса. - Какое будущее нас ждёт? Что будет с нашими людьми, с нашей мирной жизнью, с нашей независимостью?[457]"

Противники выделения ассигнований для британского флота также отмечали, что доминион уже много лет отказывался от затрат на укрепление имперской обороны, так как не имел возможности участвовать во внешней политике Великобритании, а, следовательно, контролировать расходование собственных средств. И теперь любое решение правительства, как им казалось, не должно было противоречить этой традиции. Если Канада всё-таки решила бы внести свой вклад в систему имперской безопасности, то идеальным вариантом считалось строительство собственного флота, который бы подчёркивал её национальный статус[458].

Правительство У. Лорье продолжало настаивать на собственном проекте создания флотилии из лёгких крейсеров и эсминцев в Атлантическом и Тихом океане, которые могли бы, в случае необходимости, по решению канадского парламента, переходить под контроль британского военного командования[459]. Но, несмотря на громкую кампанию поддержки в прессе, это предложение было дважды отвергнуто в ходе дебатов в начале 1910 г.[460] Против него выступали как консервативная оппозиция, настаивавшая на участии доминиона в финансировании имперского флота, так и либералы-автономисты из Квебека, для которых даже создание собственной канадской флотилии под полным контролем правительства в Оттаве казалось чрезмерной уступкой метрополии. Голосов же англоканадских либералов – сторонников плана У. Лорье – не хватило для принятия решения[461].

Не успели утихнуть споры вокруг вопросов канадской военно-морской обороны, как общественную жизнь доминиона взволновало новое событие. В марте 1910 г. правительство У. Лорье получило от администрации президента У. Тафта предложение начать переговоры о заключении таможенного "договора взаимности". Американская сторона не случайно стала в этот раз инициатором разработки соглашения. Среди предпринимателей США за последние годы большую популярность получили планы захвата динамично развивающегося канадского рынка, защищённого протекционистскими барьерами. В случае отказа от обсуждения условий договора, Соединённые Штаты угрожали применить 25% тариф Пэйна, который сделал бы канадские товары совершенно неконкурентоспособными в соседней республике[462].

Для официальной Оттавы эта неожиданная инициатива Вашингтона представляла собой одновременно и привлекательное экономическое предложение, и подходящую возможность решения ряда политических проблем. На Западе фермеры давно выражали недовольство тарифной политикой, которая приводила к росту цен на американские промышленные товары, а их самих лишала доступа к потребителям из США[463]. Принимая во внимание сохранившиеся традиции континентализма среди либералов и мощную поддержку, оказанную партии У. Лорье на последних парламентских выборах избирателями аграрных провинций Манитоба, Саскачеван и Альберта, закономерным выглядит тот энтузиазм, с которым правительство доминиона встретило предложение республиканской администрации Соединённых Штатов.

Объединённая американо-канадская комиссия очень быстро закончила согласование статей договора. Уже 26 января 1911 г. он был подписан и передан на рассмотрение парламента доминиона. Однако на этом этапе дело и остановилось. "Договор взаимности" далеко не для всех казался благом. Помимо традиционного оппонента в лице консервативной партии, против этого соглашения выступила Ассоциация канадских производителей и Ассоциация канадского рынка, а также многие влиятельные издания и даже некоторые министры из правительства Лорье. Несколько видных членов либеральной партии в знак протеста покинули её ряды, вызвав тем самым широкий общественный резонанс[464].

Как и в начале 1890-х годов, спор быстро перешёл в политическую плоскость. Противники договора ставили вопрос взаимоисключающим образом: либо его ратификация и полное подчинение экономики и политики доминиона США с возможностью аннексии в будущем, либо отказ и продолжение национального развития в тесном сотрудничестве с империей. Исход спора о границе на Аляске представлялся явным доказательством аннексионистских намерений Соединённых Штатов. “Собираемся ли мы отказаться от славного будущего, которое мы так ждём, - вопрошала одна из консервативных газет, - отказаться от счастья стать главным государством Британской империи и самой великой нацией в мире? Собираемся ли мы забыть все труды отцов-основателей федерации?[465]”

Либералы опять оказались перед необходимостью доказывать исключительно экономическую природу своих замыслов и отражать обвинения в отсутствии патриотизма и пособничестве американским аннексионистам. Сторонники заключения договора исходили из того, что США являются ключевым торговым партнёром доминиона, а потому взаимное снижение пошлин, согласно рыночным законам, приведёт к падению цен на значительное количество товаров широкого потребления и благотворно отразиться на благосостоянии рядовых канадцев[466]. Как и прежде, либералы убеждали, ссылаясь на опыт соглашения 1854 г., что освобождение торговли от таможенных барьеров и аннексия не имеют между собой причинно-следственной связи.

Острота политической борьбы достигла такого накала, что правящей партии пришлось пойти на внеочередные парламентские выборы. Во время избирательной кампании 1911 г. сторонникам У. Лорье вновь и вновь приходилось оправдываться, что их предложения не имеют своей целью оторвать доминион от империи и не угрожают его национальному существованию[467]. Однако, как и двадцать лет назад, либералы не смогли сделать это достаточно убедительно, что и привело к их поражению. Лозунг тори – "Ни договоров, ни торговли с янки!" – сочетавший и национализм, и империализм, показал свою эффективность.

Как и следовало ожидать, после прихода к власти консервативной партии во главе с Робертом Борденом политический курс Канады подвергся определённой коррекции, в том числе и по вопросу военно-морской обороны. Империалисты планировали начать финансирование строительства кораблей для британского флота, который в их глазах являлся наиболее реальным воплощением понятия имперское единство. Сама возможность разделить с метрополией "бремя империи" для них была высшим проявлением национального духа[468].

В декабре 1912 г. Р. Борден выступил в Палате общин с предложением предоставить Великобритании 35 млн. долл. на строительство трёх дредноутов для имперского флота. В результате долгих дебатов объединённые силы либералов и отошедших от консерваторов депутатов-автономистов заблокировали принятие этого решения[469]. Повторная попытка утвердить субсидии, предпринятая в мае 1913 г., с минимальным перевесом голосов имела успех лишь в Палате общин, и не была ратифицирована Сенатом, где либералы удерживали большинство[470]. По-прежнему раздираемая противоречиями по вопросу участия канадской флотилии в общеимперских войнах и её возможном подчинении британскому Адмиралтейству, оппозиция всё же смогла объединиться на основе общего чувства угрозы канадской автономии[471].

Интересно отметить, что споры титанов либеральной и консервативной партии вокруг проблемы имперской обороны, на деле, обернулись таким результатом, который не предполагался ни одной из сторон. Ни У. Лорье, ни Р. Борден не смогли воплотить в жизнь свои военно-морские программы, и этот итог больше всего устраивал тех националистов, которые изначально были вообще против и строительства флота, и участия страны в гонке вооружений. Становилось понятно, что идеология автономизма, впервые сумевшая оказать существенное влияние на решение вопросов национального масштаба, приобретает значимую роль.

**Роберт Борден.**

**Премьер-министр Канады**

На момент окончания рассматриваемого периода позиция англоканадских общественно-политических кругов по отношению к Британской империи, на первый взгляд, может показаться противоречивой. Традиционные представления об англо-саксонском культурно-историческом родстве и имперской солидарности считались непреходящими ценностями, прочно удерживаясь в мировоззрении большинства канадцев и неизменно оказывая значительное влияние на их политическое поведение. Но, с другой стороны, конкретные планы централизации Великой Британии и проекты взаимодействия с имперскими властями всё реже выходили за рамки политических деклараций, а поиски канадской национальной идентичности неуклонно вели к отказу от империализма и принятию автономизма в качестве основной формы её существования.

Однако это было мнимое противоречие. Последовательное и непрерывное развитие нации во всех её проявлениях оборачивалось тем, что старые императивы массового сознания, видоизменяясь, могли долгие годы сосуществовать с новыми тенденциями общественной жизни. Не имея опыта радикальных перемен и острой борьбы за самоутверждение, канадцы не испытывали необходимости отказываться от былых ценностей ради установления новых.

## § 2. Межнациональные и национально-государственные проблемы в политической мысли Квебека.

С момента окончания Семилетней войны Квебек находился в особом положении среди колоний Британской Северной Америки. Поселенцы долины реки св. Лаврентия, ревностно хранившие собственные культурно-исторические традиции, считали себя потомками “галльской расы” в Новом свете и по праву называли область своего компактного проживания “французской” Канадой. Общественно-политическая жизнь провинции протекала в окружении инородной англоязычной культуры, что неизменно ассоциировалось у франкоканадцев с положением жителей осаждённой крепости, хотя многие из них и оставались в спокойной уверенности, что сил "осаждающих" недостаточно для достижения окончательной победы[472].

После образования федерации Квебек получил представительство в парламенте в виде трети от общего числа мест палаты общин и сената[473]. Кроме того, конституция провозгласила автономию католических школ, а французскому языку придавался официальный статус[474]. Приобретённый политический потенциал использовался франкоканадцами преимущественно в целях защиты провинциальных прав и поддержания характерного для них стремления к самоизоляции. Чувство единства с соотечественниками из других регионов оставалось неразвитым, национальная самоидентификация проводилась по принципу языковой и конфессиональной принадлежности.

Безразличное отношение жителей долины реки св. Лаврентия ко всему, что находилось за границами их провинции, было вполне закономерно, поскольку долгое время самоизоляция виделась единственным возможным способом сохранения самобытности Квебека. Как до, так и после создания федерации, несмотря на формально закреплённое равенство гражданских прав, франкоканадцы воспринимались англоговорящими соотечественниками настороженно, а иногда и откровенно враждебно. Распространение французского языка и католической веры за пределами Нижней Канады многими в Онтарио считалось крайне нежелательным. Даже националисты, провозглашавшие принцип равноправия этнических и языковых меньшинств, неизменно считали живших на западных территориях доминиона франкоканадских метисов врагами политического, культурного и национального единства страны[475]. В результате вся североамериканская федерация, за исключением Квебека, оставалась чуждой для франкоканадцев.

Возможности Квебека влиять на ситуацию в стране были ограничены из-за относительно слабой активности общественно-политической жизни провинции. Франкоязычная пресса и публицистика серьёзно уступала по тиражам англоязычным изданиям, а проблемы национально-государственного развития обычно обсуждались в крайне узком кругу "потомственных" политиков, представленных землевладельцами и высшим духовенством, лишь изредка привлекая внимание широкой публики[476]. Количество литературных произведений, изданных в Канаде на французском языке, также было существенно меньше, чем на английском[477].

Однако такая ситуация мало беспокоила "английскую" Канаду. Согласно распространённому там мнению, достаточно было того, что статус Квебека, как равноправной провинции в составе доминиона, предоставлял его жителям возможность пользоваться всеми благами "самого демократичного в мире государственного строя". Это считалось красноречивым доказательством величия и гибкости политической системы Британской империи, и позволяло англоканадцам называть своих предков "самыми щедрыми завоевателями всех времён", которые дали покорённому народу Нижней Канады больше прав, свобод и возможностей, чем это когда-либо случалось в истории[478].

Некоторые империалисты, как, например, Дж. Паркин, в своих рассуждениях шли ещё дальше и доказывали, что империя, защищая Квебек от поглощения США, позволяет ему избежать повторения судьбы Луизианы, обитатели которой растворились в огромной массе населения соседней республики, а также "избавляет" его от всех тягот независимого существования[479]. Вместе с тем события, связанные с восстаниями метисов в 1869 г. и 1885 г. и "школьным вопросом" в Манитобе, недвусмысленно демонстрировали франкоканадцам, что рассчитывать на защиту своих прав и интересов при помощи федерального центра можно далеко не всегда.

За последнюю треть XIX в. французская Канада сделала заметный шаг в сторону индустриального общества: в два раза (с 20 до 40%) выросло городское население, уровень грамотности повысился до 68%, быстрыми темпами развивалась промышленность[480]. Но, несмотря на достигнутые успехи, Квебек продолжал сильно отставать от других регионов по степени социально-экономического развития. В начале XX в. это дополнилось ещё и снижением удельного веса франкоканадцев в населении доминиона с одной трети до одной четверти и соответственной потерей парламентских мест[481]. Задача сохранения франкоязычной общности требовала ускоренной модернизации провинции, что представлялось невозможным без внешней поддержки. В свою очередь, поиск новых "союзников" за пределами Квебека мог быть эффективным только при условии активного участия франкоканадцев в жизни всего доминиона[482].

Во время выборов 1896 г., проходивших на волне острых разногласий по поводу сохранения католических школ в Манитобе, голоса избирателей Нижней Канады стали решающими для победы либеральной партии. Впервые за время существования доминиона одна из основных политических сил добилась успеха благодаря обращению к проблеме защиты религиозных и языковых прав франкоканадцев[483]. Не менее новым было и то, что уроженец Квебека – Уилфред Лорье – стал премьер-министром. Всё это демонстрировало большой потенциал Нижней Канады в политической жизни федерации, который пока оставался нереализованным. Между тем, на рубеже XIX и XX вв. общественность Квебека всё ещё находилась в состоянии неопределённости относительно многих актуальных проблем, имевших общефедеральное значение. Поиски иного, нежели самоизоляция, пути дальнейшего развития приводили её к пониманию необходимости интеграции в общеканадскую общественно-политическую жизнь. Пытаясь осмыслить пройденный Квебеком исторический путь и определить перспективы будущего развития, франкоканадские политики и публицисты всё больше приходили к убеждению, что "изоляция есть зло, лишь немногим уступающее угнетению"[484].

Давно и безвозвратно утерянная связь с исторической родиной лишала франкоканадцев возможности обрести опору в процессе самоидентификации за пределами Канады. Авторы многих сочинений на актуальные политические темы достаточно чётко проводили границу между прошлым Канады в составе Французской империи и настоящим в качестве доминиона Великобритании, между Францией и Квебеком, а также между французами и франкоканадцами. В этом отношении показательна одна из книг популярной серии "Канадская библиотека" под названием "Завоевание свободы во Франции и в Канаде", которая была посвящена выявлению индивидуальных особенностей исторического пути двух стран со времени окончания Семилетней войны[485]. При том все симпатии и самоидентификация автора, франкоканадца по происхождению, были связаны исключительно с Канадой. Франция же однозначно воспринималась им как далёкая и чужая страна. Весьма авторитетная квебекская газета "Ля Прэсс" так высказалась по этому поводу: "Это только у англоканадцев есть две родины: одна здесь, а другая по ту сторону океана. Мы, франкоканадцы, принадлежим только одной стране – Канаде. Канада для нас – весь мир"[486].

Тем более тяжёлым испытанием для "французской" Канады стала начавшаяся в 1899 г. англо-бурская война. Повсеместный рост проимперских настроений и жаркие споры вокруг проблемы участия доминиона в назревавших военных действиях не могли обойти её стороной. Империалисты Онтарио развернули шумную агитационную кампанию в пользу участия доминиона в войне на стороне метрополии и настойчиво требовали от франкоканадцев проявления "лояльности" в этом вопросе[487]. Однако для подавляющей массы населения Квебека устремления англо-саксонского шовинизма и идеи имперской солидарности были абсолютно чужды. В провинции воцарилась атмосфера негодования по поводу попыток втянуть Канаду в конфликт, в котором она не имела ровным счётом никаких собственных интересов. Более того, многим казалась абсурдом даже гипотетическая возможность участия жителей Северной Америки в войне на другом конце Земного шара из-за ущемления там прав английских поселенцев[488].

Определённую роль играли также симпатии франкоканадцев к бурам, как к ещё одной этнической группе в составе Британской империи, пытавшейся сохранить собственные традиции и культуру в условиях враждебного англо-саксонского окружения. На страницах печатных изданий Нижней Канады жители бурских республик представлялись трудолюбивыми фермерами, которые ведут простую и благочестивую жизнь и готовы умереть за свою свободу в борьбе против жадных захватчиков[489]. По мере углубления конфликта в Южной Африке франкоязычная пресса видела всё больше общего между тем положением "осаждённой крепости", в котором оказался Квебек, и Трансваалем[22].

В итоге, во франкоканадской провинции постепенно развернулась контркампания как против войны вообще, так и против участия в ней Канады, в частности. Существенную поддержку на официальном уровне ей оказал министр общественных работ Израэль Тарт, выступавший в унисон с общим настроем квебекской печати против оказания помощи метрополии в войне, крайне далёкой от реальных канадских интересов[490]. Пытаясь найти точки соприкосновения с умеренными консерваторами, министр предлагал вначале создать имперскую федерацию, позволяющую Канаде участвовать в формировании имперской внешней политики, а потом уже требовать от неё участия во всех войнах Великобритании[491].

Гораздо более жёсткую позицию занял один из представителей либеральной партии от Квебека в Палате общин Анри Бурасса. По его инициативе свыше пяти тысяч человек от более чем ста тауншипов подписали петицию против войны и соучастия в ней доминиона. Негодуя по поводу отправки в Южную Африку канадского воинского контингента, Бурасса покинул ряды своей партии, отказался от места в парламенте, объяснив это невозможностью защищать интересы своих избирателей, и обрушился на кабинет

[22] Стоит оговориться при этом, что симпатии франкоканадцев к бурам никогда не заходили дальше исключительно умозрительных рассуждений. В то время как на полях сражений Южной Африки в числе бурских отрядов нередко можно было встретить выходцев из таких европейских стран как, например, Германия и Россия, среди жителей Квебека не находилось желающих с оружием в руках поддержать борьбу Трансвааля и Оранжевой республики против Британской империи.

министров с критикой политики выплаты “дани людьми и деньгами на нужды британского империализма”[492]. В момент особенно широкого распространения в Канаде настроений солидарности с метрополией демарш А. Бурасса стал поистине беспрецедентным событием. Особую остроту ему придавало то, что впервые депутат палаты общин открыто выступил против идей имперского единства и при этом не только не потерял политических “очков”, но заработал широкую известность и поддержку в антивоенно настроенных кругах[23].

В “английской” Канаде такую реакцию Квебека восприняли как показатель его политической неблагонадёжности. Англо-саксонским шовинистам представилась подходящая возможность для обвинений франкоканадцев в нелояльности империи, нагнетания национальной розни и призывов к ассимиляции. Так, например, на страницах газет И. Тарта открыто называли “предателем” и “пособником буров”, а в городах дело доходило до массовых уличных драк[493]. Широко бытовавшие настроения вполне определённо выразил известный общественный деятель того времени полковник Дж. Денисон. В историческом очерке, посвящённом своему другу и участнику организации “Канада прежде всего” Роберту Халибёртону, он доказывал, что распространение франкоканадского влияния за пределы Квебека может быть опасно для федерации поскольку угрожает национальными конфликтами или даже гражданской войной подобной той, что случилась в Южной Африке[494].

Противоречия между “английской” и “французской” Канадой по вопросу участия доминиона в англо-бурской войне заметно активизировали общественно-политическую жизнь Квебека. Задача защиты франкоканадских прав и интересов на общефедеральном уровне поставила на

[23] Важно, что активное участие А. Бурасса в спорах вокруг участия Канады в англо-бурской войне привлекло к нему внимание таких видных либералов как Г. Смит, Ч. Каан, У. Грегори, с которыми у него завязалась активная переписка.

повестку дня необходимость сформировать собственное представление о месте Нижней Канады как в составе формирующейся канадской нации, так и во всей Британской империи. Свои размышления на эти темы франкоканадские политики и публицисты строили на традиционно общей идейной основе, которая заключалась в стремлении отстоять языковую и религиозную индивидуальность Квебека, сохранить его исторически сложившиеся традиции и образ жизни[24]. Однако взгляды на конкретные пути достижения этой цели существенно различались. В целом, они сводились к двум основным концепциям, которые условно можно назвать "канадианизмом" и "квебекским национализмом".

Главным выразителем первой из них был уже упоминавшийся политик, писатель и публицист Анри Бурасса (1868-1952). Он родился в Монреале в семье архитектора Наполеона Бурасса, его мать Азели Папино была дочерью признанного лидера франкоканадского освободительного движения 1830-х годов Луи-Жозефа Папино. Закончив досрочно по причине слабого здоровья учёбу в Ворчестерском колледже (штат Массачусетс), Бурасса сразу же начал активно участвовать в политической жизни своей провинции. Уже в двадцать два года ему удалось занять пост мэра Монтебелло – родного городка своего деда, а в двадцать восемь стать членом федерального парламента от либеральной партии. Многие из тех, кто был знаком с Бурасса, впоследствии отмечали широту интересов, высокую образованность и уникальный ораторский талант этого представителя франко-канадской общины. "Нужно немного времени, чтобы Вы начали слушать его с интересом, - писал хорошо знавший Бурасса журналист Джон Бойд,- его

[24] Некоторые из них даже усматривали в этом особую миссию, возложенную свыше на народ Нижней Канады, ради сохранения на североамериканском континенте "единственно правильной" католической веры (Cook R. The French-Canadian Nationalism. Toronto. 1969. P. 155-156.).

голос действует как волшебные чары и околдовывает каждого слушателя"[495].

Серьёзное влияние на становление взглядов А. Бурасса оказала англо-бурская война. Наблюдая межобщинные противоречия, вызванные участием доминиона в вооружённых действиях, он пришёл к выводу, что империализм стал крайне опасен, поскольку вносит раскол между двумя "расами", фактически составляющими один народ[496]. Особое внимание Бурасса обратил на растущую в "английской" Канаде подозрительность и даже враждебность по отношению к франкоканадцам, антиимпериалистический настрой которых, превратно истолкованный как неприязнь к британской короне, в действительности являлся лишь протестом против участия в войнах, весьма далёких от родной земли[497]. Такое непонимание грозило обернуться в будущем ещё более острыми конфликтами.

Вовлечение Канады в военные действия на юге Африки Бурасса называл "безумным политическим преступлением", которое противоречило идеалам и ценностям "старой-доброй либеральной Англии", всегда старавшейся сохранить мир между Онтарио и Квебеком. Публицист перекладывал всю ответственность за рост недоверия во взаимоотношениях двух "рас" Британской Северной Америки на оранжистов и джингоистов и утверждал, что между долгое время живущими бок о бок народами "французской" и "английской" Канады нет реальной почвы для вражды[498]. Обращаясь на одном из митингов к своим франкоязычным соотечественникам, Бурасса убеждал их, что настроения агрессивного шовинизма характерны далеко не для всех жителей Онтарио. Он призывал, несмотря ни на что, поддерживать и развивать отношения между Квебеком и другими провинциями федерации ради сохранения единства страны[499].

Тем самым Бурасса старался "привить" "канадианизм" в долине реки св. Лаврентия. Направляя острие своей критики против британской экспансионистской политики, публицист обращался к читателям не только как к жителям Квебека, но и пытался вызвать у них чувство сопричастности ко всей Канаде, связать их самоидентификацию с

Анри Бурасса

общенациональными интересами. “Канадская земля и её богатства, прошлое, настоящее и будущее принадлежат нам, англо- и франкоканадцам, только потому, что мы обязаны сохранить их и передать нашим потомкам, - писал А. Бурасса в одном из своих памфлетов, - поэтому мы не имеем права быть ни французами, ни англичанами. Мы должны быть только канадцами”[500].

В 1903 г. А. Бурасса возглавил авторитетную в Квебеке Национальную лигу, представлявшую умеренно настроенных франкоканадцев. При активном участии нового лидера Лига приняла программу в духе “канадианизма”, на основе которой вокруг А. Бурасса стали группироваться единомышленники. В её преамбуле, отразившей наиболее актуальные вопросы общественно-политической жизни страны, в частности, утверждалось следующее:

- канадский народ демонстрирует растущее стремление к политической автономии.
- колонии платят достаточную цену метрополии за оборону тем, что всегда готовы предоставить ей в случае войны свои порты, коммуникации и вооружённые силы.
- организация единой имперской системы обороны не соответствует национальным интересам Канады.
- постоянные финансовые обязательства по отношению к Великобритании опасны для автономии доминиона.
- для процветания страны необходимо, чтобы федеральная власть соблюдала конституцию 1867 г. и все её гарантии провинциям и национальным меньшинствам.
- федеральные и провинциальные органы власти должны использовать природные богатства Канады для развития “национального самосознания её жителей”[501].

Суть “канадианизма”, по выражению самого Бурасса, состояла в том, чтобы сконцентрироваться на решении внутренних проблем страны и все силы отдавать её материальному и духовному прогрессу, не отвлекаясь на посторонние цели[502]. В соответствии с этим Национальная лига выдвинула ряд практических установок, к осуществлению которых предполагалось приступить в ближайшем будущем. Наиболее важными из них считались: обеспечение максимально возможной автономии доминиона в составе Британской империи, следование во внутренней политике принципам федерализма и строгое соблюдение конституционных прав и свобод, всемерное содействие развитию канадского национального единства, совершенствование политической и социальной системы государства за счёт эффективного использования доходов от добычи сырьевых ресурсов[503].

Популяризацией идеи "канадианизма" занимался также и другой лидер Национальной Лиги Оливар Асселин (1874-1937). В своих многочисленных статьях он, вслед за А. Бурасса, прямо обвинял империалистов в разжигании конфликтов внутри Канады и попытках вернуть чувство имперской солидарности ценой канадского национального единства. "Империалисты устроили войну в Южной Африке, - писал он в печатном органе Национальной Лиги газете "Насьоналист", - которая на самом деле обернулась войной англоязычных канадцев против их франкоговорящих соседей""[504]. Таким образом, борьба с агрессивным империализмом стала одной из главных целей квебекских "канадианистов".

Фактическое совпадение идейной основы двух набиравших силу течений общественно-политической мысли "английской" и "французской" Канады объяснялось общностью проблем, беспокоивших умы жителей доминиона в разных провинциях, независимо от их этнической и конфессиональной принадлежности. Как и автономисты Онтарио, Национальная лига уже в первые годы XX в. поставила вопрос о том, что итогом политического развития Канады должна стать её полная независимость. Единственную возможность на некоторое время сохранить целостность империи они видели в продолжении политики её децентрализации, постепенном предоставлении ещё большей автономии доминионам, логическим завершение чего могло стать формирование новой системы внутриимперских отношений на основе подлинного равноправия всех её частей[505].

При этом необходимо отметить, что в указанный период А. Бурасса и его сторонники вполне определённо были настроены против отделения Канады от империи. “Мы должны оставаться автономной колонией и наслаждаться всеми благами этого положения,- заявлял Бурасса,- сейчас канадцам не нужны все тяготы полной независимости.[506]” Автономисты были уверены, что доминиону пока не под силу нести бремя суверенного государства, особенно что касается обеспечения обороны и трудностей, связанных с проведением самостоятельной внешней политики. Империя воспринималась ими сугубо прагматично, как возможность экономии сил, необходимых для подъема Канады. В согласии с этой идеей, автономисты отказывались участвовать в “торговом и военном империализме” Британии, основанном на “расовом чувстве” англосаксов, которого, у франкоканадцев, конечно же, не было[507]. “Каково отношение франкоканадца к империи, испытывает ли он к ней привязанность? - Разъяснял Бурасса, - …его привязанность к Британии – это привязанность разума, смешанная с определённой долей уважения и подозрения, соотношение которых различно в зависимости от времени и обстоятельств”[508]. Участники Национальной Лиги были уверены, что канадцы и так могут принести существенную пользу метрополии, развивая собственную страну и укрепляя, тем самым, влияние империи на американском континенте.

На практике это выражалось в последовательном противостоянии любым планам централизации империи. В годы пребывания Дж. Чемберлена на посту министра колоний автономисты доказывали, что имперский таможенный союз не отвечает интересам доминиона. Они призывали разделять политическую, экономическую и идеологическую сферы жизни общества и не пытаться осуществлять изменения в одной из них ценой ущерба для других. Национально ориентированной фискальной политикой объявлялась только та, которая имела бы поддержку большинства производителей и покупателей доминиона, а не та, которая служила бы цели укрепления политической организации империи[509]. Иными словами, это был протекционизм.

Подобную позицию квебекские автономисты заняли и в 1909-1911 гг. в ходе ожесточённых споров о флоте. Пытаясь охладить накал страстей, О. Асселин опубликовал во время "дредноутской паники" памфлет "Морская оборона Британской империи". В этом сочинении редактор "Насьоналист" обрушился с критикой в адрес империалистов, указывая на то, что они опять, как и в годы англо-бурской войны, подменяли канадские интересы британскими и расшатывали политическую стабильность в стране ради приближения к мифическому идеалу имперской солидарности. "Ради чего нас хотят втянуть в войну с Германией, если главной действующей силой в этом противостоянии являются интересы британских торговцев?" – задавался вопросом соратник А. Бурасса[510].

Выступая от имени автономистов Квебека, О. Асселин предлагал думать, прежде всего, о национальных перспективах своей страны, которые никак не были связаны с гонкой вооружений в Европе и совершенно не требовали портить отношения с Германией из-за её противоречий с Великобританией[511]. Подобно единомышленникам из Онтарио, члены Национальной лиги доказывали, что выплаты на содержание британского флота, будучи ни чем иным, как колониальной данью, станут преградой на пути развития национального самосознания и политической самостоятельности Канады[512]. Отрицая также и необходимость строительства собственного флота, автономисты предлагали как можно скорее провести в стране плебисцит, который, в условиях тупика парламентского противостояния либералов и консерваторов, утвердил бы правоту одной из сторон.

Вполне закономерной в этом отношении выглядит и позиция А. Бурасса. Поддерживая своих сподвижников, он считал, что вопрос о флоте не стоит того огромного внимания, которое ему посвятили канадские политики. Споры на тему военно-морской обороны публицист называл лишь пустой тратой времени, в то время как на повестке дня стоят такие действительно важные государственные проблемы как развитие системы транспортных коммуникаций и заселение обширных западных территорий[513]. Ценность империи, в понимании автономистов, была сведена до роли своеобразной крепости, под надёжной защитой которой канадская нация могла вызревать до определённого времени. Однако вопрос о сохранении надёжности её "стен" никоим образом не мог становиться важнее обеспечения интересов самой Канады.

Аналогично складывалось и отношение Национальной Лиги к заключению "договора взаимности" с США. Её сторонники, следуя уставу своей организации, доказывали, что Канада имеет достаточную автономию, чтобы заключать торговые соглашения с любыми государствами на взаимовыгодных условиях[514]. Опираясь на это утверждение, они призывали взвесить все плюсы и минусы предполагавшегося договора с позиций канадской экономики, а не имперской идеологии, и как можно быстрее придти к решению, основанному на трезвом расчёте. Не считая себя компетентными делать выводы в столь специфичном вопросе, они предлагали полностью положиться на решение министерства финансов[515].

Во время предвыборной кампании 1911 г. автономисты суммировали свои претензии к либералам и выступили с острой критикой действующего кабинета министров. "Лорье закрывает глаза на коррупцию в самых высших эшелонах власти, - писала издававшаяся А. Бурасса газета "Девуар", - Он отказывается от обсуждения любых политических и хозяйственных проблем: социальные службы, железные дороги, банковская политика, права меньшинств, иммиграция и сельское хозяйство. Он хочет, чтобы все поскорей забыли его закон о флоте и договор о границе на Аляске. Единственная удобная для него тема дискуссий – договор с США"[516].

Оказавшись в оппозиции к либералам партия квебекских автономистов во главе с А. Бурасса и О. Асселином приняла решение о самостоятельном участии в голосовании. Параллельно с этим консерваторы сделали заявление о своём отказе выдвигать кандидатов во франкоязычных округах Квебека. За прошедшие годы политические идеи "тори", связанные с имперским и англо-саксонским шовинизмом, настолько дискредитировали себя в глазах избирателей французской Канады, что на выборах 1911 г. партия Р. Бордена предпочла дать своим немногочисленным сторонникам полную свободу действий. Место консерваторов на политической арене Квебека заняла другая правая группировка – Партия националистов под руководством Фредерика Монка.

Ещё до официального вступления в предвыборную гонку Ф. Монк предложил А. Бурасса объединить силы в избирательной кампании и войти в парламент, дабы там "продолжить борьбу за нашу самостоятельность"[517]. У двух политических сил действительно было много общего. С самого начала споров на тему создания канадской военно-морской службы Ф. Монк, будучи ещё депутатом Палаты общин от консервативной партии, непреклонно выступал против выделения средств на программу морской обороны. "Развитие самой Канады: строительство каналов, железных дорог, расширение всей транспортной сети, требуют таких огромных денежных вложений, - выступал он с парламентской трибуны, - что мы не можем позволить себе тратить их на флот, в котором сейчас нет никакой необходимости"[518]. Теперь же предвыборная программа партии Ф. Монка строилась вокруг идеи канадской автономии и была направлена против военно-морской программы в любом виде.

Однако автономисты-либералы сохраняли изрядное недоверие к своим визави из консервативного лагеря. Империализм и связанный с ним англо-саксонский шовинизм стойко ассоциировался в Квебеке с традициями партии Р. Бордена. В результате, как позже объяснял сам А. Бурасса, Национальная лига приняла решение отклонить предложение Ф. Монка, во многом, из-за опасений, что войдя в парламент под автономистскими лозунгами, его партия может в будущем заключить альянс со сторонниками Р. Бордена[519]. Тем не менее, показателен факт идейной близости франкоканадских либералов и консерваторов на почве общего стремления к воплощению идей “канадианизма”.

Важной задачей квебекских автономистов было установление тесных контактов со своими единомышленниками из Онтарио. Сам Бурасса состоял в личной переписке с Дж. С. Юартом, в ходе которой обсуждались насущные вопросы общественно-политической жизни страны и вырабатывалась планы на будущее. Наиболее важной целью в предвоенные годы считалось объединение англо- и франко-канадских автономистов в одно движение на почве общего стремления к развитию канадского национального самосознания и политической самостоятельности[520]. Оба деятеля полагали невозможным существование Канады в будущем без подлинного единения двух “рас”.

Рассуждая о перспективах Канады, А. Бурасса непременно настаивал, что активность Национальной Лиги не может ограничиваться Квебеком, и что всем провинциям как можно скорее необходимо объединиться на основе общего стремления, направленного на развитие родной страны. Он считал концепцию “канадианизма” универсальной для всех жителей доминиона, независимо от языка и вероисповедания. “Канада не должна быть ни английской, ни французской, провозглашал А. Бурасса, - по своей этнической и политической сути – это англо-французская федерация. Она должна оставаться под эгидой английской короны, но быть достоянием канадского народа.[521]” Его теория исходила из идеи взаимопонимания и равноправного сосуществования англоговорящего большинства и франкоговорящего меньшинства как непременного условия сохранения политической целостности доминиона[522]. Данная концепция также стала ответом на усиление идей империализма, порой граничивших с шовинизмом и джингоизмом. “Грядёт битва – и это будет битва не двух армий,- утверждал Бурасса,- это будет война идей и принципов, между которыми канадцы должны будут выбрать, война между империалистами и автономистами”[523].

Однако не весь Квебек был готов принять “канадианизм” в качестве своего идейного ориентира. Стремление к самоизоляции и региональной обособленности, долгое время служившее действенным способом сохранения франкоканадской идентичности, продолжало оставаться мощным фактором, влияющим на умонастроения в этой провинции. В конце XIX в. одним из наиболее заметных выразителей изоляционистского подхода к проблеме будущего Квебека был известный журналист, писатель и публицист Жюль-Поль Тардивель (1851-1905).

Ж.-П. Тардивель родился в 1851 г. в городке Ковингтон, штат Кентукки, в семье католического священника. После скоропостижной смерти матери он долгое время жил в Маунт Вернон, штат Огайо, у родственников, принадлежавших к монашескому ордену доминиканцев. Воспитание и образование Юлиуса (именно так его звали в детстве) было всестороннее проникнуто религиозностью. Однако примечательно, что в эти годы юный Тардивель не знал ни слова по-французски[524]. Католическое вероисповедание было единственным, что отличало его от американских сверстников.

Когда юноше исполнилось 17 лет, в его жизни произошло судьбоносное событие. Отец под влиянием странствующих монахов из Квебека принял решение перебраться в Нижнюю Канаду, где поступил на работу в католическую семинарию в местечке Сен-Есент. Туда же он определил на обучение и сына, который немедленно начал изучать французский язык. Канадская провинция показалась им убежищем, где можно было укрыться от вездесущего влияния протестантизма. Завершив обучение в 1874 г., Тардивель занялся журналистикой. Он стал активно интересоваться политикой и вступил в “Кружок католиков Квебека” – политический клуб во главе с архиепископом Э.-А. Ташеро[525].

В 1878 г. начинающий писатель опубликовал свой первый труд “Жизнь Папы Пия IX; его дела и муки”, который разошёлся большим тиражом и снискал автору известность среди единоверцев. Хотя в этой работе он не затрагивал вопросов, относящихся непосредственно к

Нижней Канаде, Тардивель предельно ясно обозначил свою идейную позицию, назвав “либерализм, материализм и тайные общества” – демонами современного мира, а самого Папу Римского Пия IX – спасителем человечества от “наславшего их дьявола”[526].

К актуальным проблемам Квебека писатель обратился в следующей работе “Англицизм – вот враг!”, в которой выступил против использования заимствований из английского языка в повседневной французской речи, а также предложил возрождать вышедшие из употребления французские слова, поддержав идею изоляции Квебека от внешнего англоязычного влияния[527].

В 1881 г. Тардивель основал газету “Ля Веритэ”, посредством которой стал доносить собственные политические взгляды до широкой публики. Первоначально их основу составляла критика либерализма и всего того, что писателю казалось “слишком либеральным” или “недостаточно католическим”[528]. Однако постепенно он пришёл к убеждению, что федеральное правительство в Оттаве и англо-саксонские шовинисты вынашивают планы ассимиляции франкоканадцев и уничтожения самобытности Квебека. Немаловажную роль в этом сыграли события, связанные с восстанием метисов на западе доминиона в 1885 г.

К 1890-м годам в работах Тардивеля стали всё отчётливее прослеживаться границы самоидентификации: ассоциируясь с франкоканадской католической общиной, он крайне редко именовал себя канадцем и ещё реже интересовался событиями, происходившими за пределами Квебека. Испытывая неприязнь к Британской Северной Америке, он уже в 1895 г. настаивал на разрыве всех отношений с “врагами французской Канады”, ради обретения ею государственного суверенитета. Для этой цели публицист предлагал активизировать борьбу за максимальную автономию Нижней Канады в составе федерации, которая позволила бы сохранить культурную самобытность франкоканадцев, а в будущем должна была стать опорой для получения ими полной независимости[529].

Размышляя о текущем положении дел в Квебеке, Тардивель с тревогой обращал внимание на существенное сокращение, как ему казалось, автономных прав этой провинции и был уверен, что в последнее время само существование франкоканадцев уже поставлено под угрозу. "Нас вначале сковали колониальными узами, - писал он в "Ля Веритэ", - затем мы оказались связанными с другими провинциями в одном доминионе…и все эти путы представляют реальную угрозу для нашей нации"[530]. Ж.-П. Тардивель был убеждён, что федерация, состоявшая на момент образования из трёх англоканадских и одной франкоканадской провинции, представляла для Квебека идеальный "modus vivendi": две нации уравновешивались в ней численно и территориально, а потому возможность их мирного сосуществования была реальностью. Однако амбициозные планы политиков как в Великобритании, так и в Канаде, присоединение острова Принца Эдуарда, а затем и всех западных территорий нарушили изначальный баланс сил и навсегда сделали франкоканадцев угнетаемым меньшинством. "И либералы, и тори,- доказывал Тардивель, - хотят сделать доминион исключительно англоязычным, с английскими традициями и институтами, и все их действия посвящены только этой цели"[531]. Исходя из этого убеждения, Тардивель не видел ни смысла, ни возможности дальнейшего взаимодействия франкоканадцев и жителей других провинций. Его идеалом и целью стало независимое франкоканадское государство – Новая Франция[532].

Квинтэссенцией взглядов писателя стал фантастический роман "За Отечество!", действие которого разворачивалось в XX в. Согласно сюжету книги, Квебек оказался под гнётом тайной масонской ложи, в которой высшие политические чины Канады объединились, дабы при помощи "дьявольской силы" уничтожить франкоканадскую нацию и католическую религию в Северной Америке[533]. Только проницательность франкоязычного депутата Палаты общин и его помощника журналиста позволила раскрыть планы заговорщиков. Страшная тайна стала известна всем франкоканадцам и они начали борьбу против угнетателей, которая завершилась обретением независимости Квебека в 1946 г.[534]

Ж.-П. Тардивель был не одинок в своём желании видеть Квебек суверенным государством. Его публичное выступление по вопросу о будущем французского языка в Северной Америке весной 1901 г., в котором он со всей определённостью заявил о невозможности сосуществования англо- и франкоязычного населения в одном государстве, вызвало множество положительных отзывов[535]. Письма с поддержкой пришли к нему от представителей аристократии и духовенства, писателей и политиков.

В поисках союзников для будущей борьбы, Тардивель завязал знакомство с Анри Бурасса. Два известных франкоканадских общественных деятеля состояли в переписке с конца XIX в. В 1899 г. их контакты резко активизировались, поводом к чему послужили идейно-политические баталии вокруг вовлечения Канады в англо-бурскую войну. Поначалу Ж.-П. Тардивель восхищался антивоенными выступлениями А. Бурасса в палате общин, выражавшими, по его мнению, "абсолютно независимый франкоканадский подход", и даже предложил ему публиковаться в собственной газете[536]. Однако затем стало очевидно, что их взгляды содержат значительные различия.

Позиция Тардивеля исходила из убеждения, что деятельность франкоканадских патриотов должна ориентироваться на сохранение самобытности Квебека, и, в первую очередь, католической веры, а не на участие в общеканадских политических процессах, как это предполагалось Национальной Лигой. "Настоящий патриот не может не быть католиком", - писал он Бурасса по поводу взаимодействия с англоговорящими канадцами[537]. Как идейный последователь О. Мерсье, он выступал против вмешательства в дела "английской" Канады, считая гораздо более важными такие проблемы внутреннего развития Квебека как содержание школьного образования или строительство новых церквей.

Наметившиеся идейные противоречия Ж.-П. Тардивеля с набиравшими популярность "канадианистами" подтолкнули его к созданию собственной общественной организации – Католической ассоциации. В 1904 г. он в качестве её лидера посчитал необходимым чётко отмежеваться от Национальной Лиги: “Национализм Лиги – это не наш национализм…наш национализм – франкоканадский национализм…наш патриотизм – франкоканадский патриотизм…наш дом – французская Канада”[538]. Основной целью Католической лиги провозглашалось развитие франкоканадской национальной идентичности путём сплочения вокруг католической церкви. А главная задача состояла в укреплении материального и культурного потенциала Квебека для подготовки его к обретению независимости. Исходя из этого, концепция единой канадской нации отрицалась как принципиально неосуществимая.

Религиозный вопрос был основополагающим во взглядах Ж.-П. Тардивеля. Его неприятие “канадианизма” происходило, во многом, из-за того, что такой способ национальной самоидентификации отодвигал фактор конфессиональной принадлежности на второй план, заслоняя его чувством сопричастности к общему государству. И хотя этот деятель выступал против традиционного для католической церкви аграрного романтизма, он не представлял политики отдельно от религии[539]. Соответственно национальная самоидентификация в своей основе могла быть только католической.

Соотношение патриотизма и религии оставалось одной из наиболее острых проблем для франкоканадской общественности и после смерти Ж.-П. Тардивеля в 1905 г. Дискуссии о том, можно ли быть истинным католиком и при этом сотрудничать с протестантами ради достижения национальных задач не раз вспыхивали на страницах авторитетных изданий[540]. И ожидать положительного разрешения этой дилеммы в свете межкультурных конфликтов, подобных “школьному вопросу” в Манитобе, от находившегося под влиянием католической церкви населения Нижней Канады было нелегко.

Позиция Ж.-П. Тардивеля стала знаковой в этом отношении. “Квебекский национализм” в его взглядах прошёл эволюцию от желания сохранить самобытность “французской” Канады до стремления добиться её полной независимости, от изоляционизма до сепаратизма. В то же время полемика Бурасса и Тардивеля ознаменовала начало нового этапа в общественно-политической жизни “французской Канады”: борьбы “канадианизма” с “квебекским национализмом”. Между двумя этими полюсами располагался широкий спектр идей, касающихся проблемы национальной самоидентификации. Можно сказать, что в первые годы XX в. “французская” Канада находилась на том этапе осмысления национальных ценностей, который “английская” Канада прошла в последней трети XIX в. Политики и публицисты пытались найти франкоканадский ответ на вопрос: возможна ли единая канадская нация, основанная на государственном патриотизме и осознании принадлежности к общей родине - Канаде.

**Происхождение и этнический состав населения Канады (по данным переписи 1911 г.)**[541]

| | Место рождения (кол-во человек) | | Этническая или расовая принадлежность |
|---|---|---|---|
| Канада | 5.619.682 | Французы | 2.054.890 |
| Англия | 510.674 | Англичане | 1.823.159 |
| США | 303.680 | Ирландцы | 1.050.384 |
| Шотландия | 169.391 | Шотландцы | 997.880 |
| Австро-Венгрия | 121.430 | Немцы | 393.320 |
| Россия | 100.971 | Скандинавы | 107.535 |
| Ирландия | 92.874 | Индейцы | 105.492 |
| Норвегия и Швеция | 49.194 | Евреи | 75.681 |
| Германия | 39.577 | Голландцы | 54.986 |

| | | | |
|---|---|---|---|
| Италия | 34.739 | Итальянцы | 45.411 |
| Брит. колонии | 29.188 | Русские | 43.142 |
| Китай | 27.083 | Австрийцы | 42.535 |
| Франция | 17.617 | Украинцы | 35.158 |
| Другие | 90.543 | Валлийцы | 24.848 |
| Всего | 7.206.643 | Негры | 16.877 |

**Основные религиозные конфессии Канады (по данным переписи 1911 г.)[542]**

| Конфессия | Количество верующих |
|---|---|
| Католики | 2.833.041 |
| Пресвитериане | 1.115.324 |
| Методисты | 1.079.892 |
| Англикане | 1.043.017 |
| Баптисты | 382.666 |

***

На рубеже XIX – XX вв. завершалось оформление англо- и франкоканадской модели национальной идентичности. В общественном сознании "английской" Канады имперский патриотизм и национализм долгое время представляли собой две тесно переплетенные ментальные парадигмы. Однако со временем идея имперского единства начала постепенно терять влияние. Её место занимал "канадианизм", который, не отрицая ценности империи, возводил в абсолют интересы Канады как нации и государства. На практике это выразилось в постоянном стремлении интеллектуальной и политической элиты доминиона укреплять автономию собственной страны в составе Британской империи.

В Квебеке постоянно присутствовавшее ощущение угрозы религии, языку и традициям предков наложило сильный отпечаток на напряжённый процесс духовного поиска. Поскольку для жителей Нижней Канады, в силу культурно-исторических особенностей развития их провинции, процесс национального самоопределения не мог быть связан с популярной в соседних англоязычных провинциях идеей имперской солидарности, дальнейшее утверждение национализма в Квебеке должно было носить автономистский характер, принимая форму борьбы за широкое самоуправление.

Главная дилемма заключалось в том, что считать той самой автономной территорией, с которой франкоканадцы могли бы связать свои национальные чувства и надежды на будущее. Распространенный среди англоканадцев взгляд на Квебек как на “проблему”, которую необходимо локализовать в рамках одной провинции, затруднял выработку единого для всех канадцев представления о национальный идентичности. Радикальным ответом франкоканадских националистов на опасность утраты самобытности явилась выраженная тенденция к замкнутости, внутренней обособленности, квебекский национализм в форме изоляционизма, а затем сепаратизма.

Только к концу рассматриваемого периода подобные настроения стали понемногу преодолеваться. Во франкоязычной Канаде появились политические силы, которые больше не желали ограничивать свои интересы одной провинцией. Для них судьба Квебека, Канады и Британской империи были неразрывно связаны. Франкоканадцы мыслились ими как органичная и неотъемлемая часть канадской нации, осуществление интересов которой не представлялось возможным без подлинного единения всех жителей доминиона. В этом они сближались с автономистами англоязычной Канады.

К началу XX века, идея национального самоопределения вышла на качественно новый уровень. Она стала проявлять себя не только в роли интеллектуальной концепции, объединяющей патриотически настроенных канадцев, но и как активно действующая политическая сила. Националисты или, как они сами чаще себя называли, автономисты впервые смогли преодолеть притяжение настроений имперского единства и франкоканадской культурной обособленности для того, чтобы со всей определённостью заявить о своей главной цели: обретении Канадой максимальной самостоятельности во всех касающихся её политических вопросах вплоть до получения статуса суверенного государства. И хотя к началу Первой мировой войны число ярко выраженных националистов-автономистов, подобных Дж. С. Юарту или А. Бурасса, было сравнительно небольшим, именно в их идейных концепциях получило своё наиболее полное выражение то пробивавшееся вот уже около полувека направление развития канадской национальной идентичности, которому принадлежало будущее.

# ЗАКЛЮЧЕНИЕ

К началу Первой мировой войны канадское национальное самосознание прошло несколько этапов развития. На протяжении первого из них – конец 1860-х – первая половина 1880-х годов – одной из главных проблем в общественно-политической жизни страны был поиск идейных ориентиров, которые могли бы стать опорой для дальнейшего развития новообразованной федерации. Этот период был отмечен утверждением концепции гражданской нации и бурным подъёмом идей имперского единства, в тесном взаимодействии которых в дальнейшем проходило формирование национального самосознания. Выступая универсальным инструментом сплочения канадцев в единую политико-гражданскую общность, национализм оформлялся в качестве самостоятельной идеологии. На следующем этапе – середина 1880-х – первая половина 1890-х годов – борьба с региональной обособленностью и опасностью экономического, а, возможно, и политического подчинения США стали основными задачами тех, кто хотел видеть Канаду централизованным государством, стремился сплотить разрозненные провинции Британской Северной Америки в единое экономическое и политическое целое. В это время идеология национализма, выражаемая в форме империализма, стала идейным обоснованием их устремлений и приобрела существенное влияние на общественно-политическую жизнь страны. И, наконец, третий этап – вторая половина 1890-х – начало XX в. – был ознаменован завершением складывания англо- и франкоканадской модели национального самоопределения, превращением национализма в активно действующую политическую силу, и его активным внедрением в массовое сознание.

Развитие канадской общественно-политической мысли проходило в условиях отсутствия прочных связей между регионами, пребывания доминиона в составе Британской империи, наличия самобытной франкоканадской общины и многопланового влияния со стороны США. В результате сам процесс становления национального самосознания приобрёл ряд характерных черт. Разрабатывая смысловое содержание понятия "нация" идеологи канадского национализма основывались на либеральных ценностях рационализма, индивидуальной свободы и равенства возможностей, и сознательно не ставили никаких этнических, лингвистических или конфессиональных преград для распространения канадской национальности на любого, кто был согласен считать Канаду своей страной, своей родиной. Выражением такого подхода стало понятие "канадианизм" и название общественной организации националистов – "Канада прежде всего", подчёркивавшие этот главный критерий национальной принадлежности.

Пребывание североамериканской федерации в составе Британской империи оставило значительный след в национальном самосознании. В ходе обсуждения планов укрепления имперского единства и работы над проектами реформирования империи канадский национализм утверждался через участие страны в делах общеимперского масштаба. К началу XX в. благодаря дискуссиям на тему дальнейшей судьбы Великой Британии оформилось то объединяющее начало, которого так давно ждали националисты: преодолевая провинциальную разобщённость, жители доминиона консолидировалось вокруг понимания абсолютной ценности собственной нации и всё определённее ощущали свою принадлежность, прежде всего, к Канаде. Неудача планов централизации империи убедительно доказала, что канадцы уже видят себя не столько частью имперского организма, сколько самостоятельной нацией, стремящейся установить со “страной-матерью” партнёрские отношения.

Однако активная демонстрация “английской” Канадой верноподданнических чувств по отношению к империи, нередко граничившая с шовинизмом, создавала значительные трудности для интегрирования Квебека в укреплявшуюся национальную общность. В традиционной модели самоидентификации франкоканадцев их католическая и франкоязычная нация чётко отделялась от англоканадской. Стремление к изоляционизму, а позже к сепаратизму ради сохранения собственной культуры, неизменно выделяло Нижнюю Канаду среди остальных провинций. И хотя со временем в Квебеке появились политические силы, готовые примириться с англоязычными соотечественниками на почве принадлежности к общей нации, процесс формирования национального единства между англо- и франкоговорящими канадцами был сильно заторможен.

В течение длительного времени национализм в Канаде утверждался через панбританский империализм. Однако на волне экономического кризиса второй половины 1880-х годов произошёл стремительный рост влияния идей экономического и политического союза с США, которые выступили альтернативой имперскому единству. Для националистов же континентализм был совершенно неприемлем, поскольку ставил под угрозу существование канадской нации как таковой. Он стимулировал их на активную разработку и утверждение в массовом сознании собственных идей, в которых понятия национального и имперского подкрепляли и дополняли друг друга. В результате, канадский национализм был лишён того сепаратистского компонента, который в европейских колониальных империях традиционно был знаменем борьбы “нетитульных” наций за суверенную государственность. Однако потенциал симбиоза “канадского” и “имперского” был ограничен. По мере того как “канадианизм” стал всё чаще вступать с противоречие с концепцией имперской солидарности, в Канаде росло число сторонников достижения как можно большей автономии в составе Британской империи, что в текущих исторических условиях означало её постепенный дрейф к независимости. Появление таких общественно-политических деятелей как Дж. С. Юарт и А. Бурасса, открыто выступавших за достижение доминионом статуса суверенного государства, стало наглядным тому свидетельством.

В целом, процесс развития канадского национального самосознания был достаточно постепенным, особенно в сравнении с революционными изменениями на политической карте Европы второй половины XIX в. За неполную половину столетия, прошедшую с момента образования федерации, "канадианизм" оформился в качестве самостоятельной идейной концепции и только начал внедряться в массовое сознание. Вплоть до начала Первой мировой войны относительная стабильность политического развития страны, постепенное ослабление угрозы со стороны США и глубокое воздействие либеральных идей и традиций британского конституционализма обусловливали эволюционный характер его формирования через несколько переходных форм (либеральный национализм – национал-империализм – автономизм) и наличие альтернативных вариантов (континентализм).

В дальнейшем основные направления развития канадского национализма сохранили ту направленность, которая была присуща им на начальном этапе. По мере утверждения национального самосознания происходил постепенный отказ от империализма как способа его выражения (что сыграло немаловажную роль в дезинтеграции Британской империи). Отношения с США продолжали оставаться для Канады альтернативой имперскому единству, постепенно приобретая превалирующее значение. Однако националисты вплоть до сегодняшнего дня продолжают рассматривать влияние США в качестве угрозы канадской национальной идентичности. Взаимоотношения «английской» и «французской» Канады в XX в. складывались непросто. Как и столетие назад, Квебек расколот на две части: приверженцев «канадианизма» и франкоканадского национализма, что составляет одну из самых серьёзных проблем в общественно-политической жизни Канады. Современное состояние национальной проблемы остаётся тесно связано с её историей.

# ИСТОЧНИКИ И ЛИТЕРАТУРА

## Источники

### Архивные материалы

1. Provincial Archives of Manitoba. Bourassa Papers (Microfilm).
2. Provincial Archives of Manitoba. Ewart Papers (Microfilm).

### Законодательные акты.

3. Акт о британской Северной Америке, 1867 г. // Конституции буржуазных стран, Т.4. Британская империя, доминионы, Индия, Филиппины. М.-Л.: Соцэкгиз, 1936. – 371 с.
4. The Naturalization Act, Canada, 1881 // Howell A. Naturalization and nationality in Canada. Toronto: Carswell & Co, 1884. – 132 p.

## Делопроизводственная документация.

5. Abstract of proceedings at the meeting of representatives held in Montreal to organize a Dominion board of trade. Montreal, 1870. -21 p.
6. Alaska Boundary. Memorandum for Counsel, No. I-II. Lnd.: McCorquodale, 1903. – 161 p.
7. Correspondence of Sir John Macdonald / Ed. by Joseph Pope. Toronto: Garden City, Doubleday, Page, 1921. – 502 p.
8. Cushing C. The Treaty of Washington; its negotiation, execution, and the discussions relating thereto. N.-Y.: Harper & brothers, 1873. – 280 p.
9. Dawson R. The Development of Dominion Status, 1900 – 1936. Documentary Supplement. Lnd.: Oxford University Press, 1965. – 466 p.
10. Empire Club of Canada. Addresses. Toronto, 1903-1914.
11. Imperial Federation League in Canada. Progress of Work, Jan. 1890. [microform] Public Archives of Canada Library.
12. Imperial Federation League in Canada. Progress of Work, June 1887. [microform] Public Archives of Canada Library.
13. Journals of the House of Commons Dominion of Canada. Vol. XXXVI - XLIX. Ottawa, 1901-1914.
14. Proceedings of the Colonial Conference at London. Ottawa: Printed by order of Parliament by B. Chamberlin, 1887. [microform] Public Archives of Canada Library.
15. Proceedings of the Colonial Conference, held in Ottawa, Canada, from 28th June to 9th July, 1894. Ottawa: S.E. Dawson, 1894. – 385 p.
16. Proceedings of the Inter-Provincial Conference Held at the City of Quebec from the 20th to the 28th October 1887 Inclusively. Quebec, 1887. [microform] Public Archives of Canada Library.
17. Proceedings of the Royal Colonial Institute. Vol. XI, XV, XXV, XXXV, XXXVIII. [microform]. Public Archives of Canada Library.

18. Report [of] the first meetings of the League in Canada, held in Montreal, Saturday, 9th May, 1885. Montreal, 1885. [microform] Public Archives of Canada Library.
19. Speeches delivered at the public meeting held under the auspices of the Toronto Branch of the Imperial Federation League in Canada on Saturday, 24th March, 1888. Toronto, 1888. [microform] Public Archives of Canada Library.
20. The British Empire League in Canada: its officers, committees and constitution, including report of annual meeting held at Ottawa, April 28th, 1897. Toronto, 1897. [microform] Public Archives of Canada Library.
21. The British Empire League in Canada: its origin, constitution and by-laws including report of special general meeting held at Ottawa, March 4th, 1896. Toronto, 1896. [microform] Public Archives of Canada Library.
22. Toronto branch of the Imperial Federation League in Canada, Toronto, 1891. [microform] Public Archives of Canada Library.

**Публицистика, речи, памфлетная литература.**

23. Сили Дж. Р. Расширение Англии // Сили Дж.Р., Крэмб Дж.А. Британская империя. — М.: ЭКСМО; Алгоритм, 2004. — 448 с.
24. Alward, S. Speech Delivered at St. Andrews, February 7, A. D., 1887 on the Record of the Tory party. Saint John, s.n., 1887. [microform] Public Archives of Canada Library.
25. Amyot G. La protection au Canada. [microform] Public Archives of Canada Library.
26. Ansell D.A. Political generosity: a Paper Read before the Junior Conservative Club, April, 1881. [microform] Public Archives of Canada Library.
27. Ansell, D. A. Imperial federation. A paper read before the Montreal Branch of the Imperial Federation League in Canada. [microform] Public Archives of Canada Library.

28. Asselin O. A Quebec View of Canadian Nationalism, Montreal: Guertin Printing Company, Ltd., 1909. – 61 p.
29. Asselin O. La défense navale de l'empire britannique. Montréal, 1909. – 47 p.
30. Biggar E.B. The Boer war: its causes and its interest to Canadians; with a glossary of Cape Dutch and Kafir terms. Toronto, Montreal: Biggar, Samuel, 1899. - 40 p.
31. Blair A.G. The Canadian contingent. Toronto, 1899. [microform] Public Archives of Canada Library.
32. Blake E. Dominion election, campaign of 1887: Speeches on the political questions of the day, delivered in the province of Ontario, subsequent to the prorogation of the Federal Parliament, June, 1886, and previous to its dissolution, January, 1887. Toronto: Hunter, Rose & Co., 1887. – 424 p.
33. Blake E. Edward Blake and Liberal principles, anti-monopoly and provincial rights. Toronto, 1882. [microform] Public Archives of Canada Library.
34. Blake E. Reform government in the Dominion. Toronto: Globe Steam Book and Job Press, 1878. [microform] Public Archives of Canada Library.
35. Blanchet J. Discours sur L'Autonomie des Provinces. Québec: Impr. A. Côté, 1884. [microform] Public Archives of Canada Library.
36. Blue, A. Resources and progress of the Province of Ontario. Toronto, 1888. [microform] Public Archives of Canada Library.
37. Bourassa G. M. Chauveau et l'idée nationale. Montréal: C. Beauchemin, 1895. – 28 p.
38. Bourassa H. Grande-Bretagne et Canada. Montréal: Impr. du Pionnier, 1901. – 42 p.
39. Bourassa H. Les patriotisms canadien-français; ce qu'il est, ce qu'il doit Etre. Montréal: La Cie de publication de la Revue canadienne, 1902. – 210 p.
40. Bourinot J. Canada as a nation. 1885 [microform] Public Archives of Canada Library.

41. Bourinot J. The National Development of Canada. Lnd, s.n., 1880. [microform]. Public Archives of Canada Library.
42. Bourinot J.G. Our intellectual strength and weakness; a short historical and critical review of literature, art and education in Canada. Montreal: F. Brown, 1898. – 99 p.
43. Canada First : A Memorial of the Late William A. Foster. Toronto: Hunter Rose & Co., 1890. – 221 p.
44. Canada first, an appeal to all Canadians. Toronto: Hunter, Rose & Co., 1880. – 18 p.
45. Canada's Founding Debates / ed. by J. Ajzenstat, I. Gentles. Toronto: University of Toronto Press, Scholarly Publishing Division, 2003. – 502 p.
46. Canadians in khaki. South Africa, 1899-1900. Montreal: Herald Pub. Co., 1900. – 127 c.
47. Carrick J. Toryism in the Canadian Confederation. [microform] Public Archives of Canada Library.
48. Cazes P. Petites Notes sur le Canada. Québec: C. Darveau, 1882. – 98 p.
49. Chapleau J.A. Discours programme de l'Hon. M. Chapleau au comité central du Parti conservateur à Montréal, 10 février 1891. Montréal, 1891. [microform] Public Archives of Canada Library.
50. Chapleau J.A. Discours prononcé à l'assemblée de Saint-Laurent, comté de Jacques-Cartier, le 6 septembre 1883. Montreal, 1883. [microform] Public Archives of Canada Library.
51. Chapleau J.A. Speech on Canadian Pacific Railway Resolutions, House of Commons, 16th June, 1885. [microform] Public Archives of Canada Library.
52. Commercial Union between the United States and Canada. Toronto, 1887. [microform] Public Archives of Canada Library.
53. Continental Union Club. Toronto, 1891. [microform] Public Archives of Canada Library.
54. Continental Union. A Short Study of its Economic Side. Toronto: Continental Union, 1893. – 52 p.

55. Cuningham G. A scheme for imperial federation. Lnd.: Longmans, Green, 1895. – 116 p.
56. Davidson G. The Alaska boundary. San Francisco: Alaska packers association, 1903. – 235 p.
57. Davin N.F. The secretary of the Royal Society of Canada. Ottawa, 1882. [microform] Public Archives of Canada Library.
58. De Celles A. D. A la conquête de la liberté en France et au Canada. Lévis, [Québec]: P.-G. Roy, 1898. – 85 p.
59. Denison G.T. The British Empire League in Canada. Toronto: Carswell Co., 1899. – 16 p.
60. Denison G.T. The Struggle for Imperial Unity. Toronto: Macmillan & Co., 1909. – 422 p.
61. Dobell, R. R. Lecture on Imperial Federation. Quebec, 1888. [microform] Public Archives of Canada Library.
62. Edgar J.D. Loyalty: an Address Delivered to the Toronto Young Men' s Liberal Club, January 19th, 1885. Toronto, 1885. [microform] Public Archives of Canada Library.
63. Elections fédérales de 1896. Quelques faits soumis aux électeurs du Canada. Ottawa, 1896. [microform] Public Archives of Canada Library.
64. Ewart J.S. The Kingdom of Canada. Toronto: Morang & Co. Ltd, 1908. – 370 p.
65. Farrer H. Retaliation and commercial federation: Lord Salisbury and Sir Charles Tupper. Lnd.: Cassell & Co. Ltd, 1892. – 32 p.
66. Ferguson D. Love of country. Charlottetown, 1885. [microform] Public Archives of Canada Library.
67. French Canadian Life and Character / Ed. by Grant J.M. Chicago: Belford, 1899. – 249 p.
68. Galt A.T. The future of the Dominion of Canada. 1881. [microform] Public Archives of Canada Library.
69. Grant G. M. Ocean to ocean; Sandford Fleming's expedition through Canada in 1872. Toronto: Belford Bros., 1877. – 390 p.

70. Grant, G. Canada and the Canadian question, a review. Toronto. 1890. [microform] Public Archives of Canada Library.
71. Grey, H. The commercial policy of the British colonies and the McKinley tariff. [microform] Public Archives of Canada Library.
72. Hague J. Canada for Canadians: a royalist Roland for the annexationist Oliver. Toronto: Hart & Co., 1889. – 40 p.
73. Harpell J.J. Canadian National Economy. The Cause of High Prices and their Affect upon the Coutry. Toronto: Macmillan & Co., 1911. – 182 p.
74. Huntington C.R. L'indépendence du Canada. Montreal, 1869. [microform] Public Archives of Canada Library.
75. Kelley W.D. The Proposed Reciprocity Treaty. Philadelphia, s.n., 1874. [microform] Public Archives of Canada Library.
76. Lefroy A. H. F. The British versus the American system of national government. Toronto: Williamson & Co., 1891. – 42 p.
77. Les Conservateurs et la politique nationale de 1878 à 1882. St. Hyacinthe, s.n., 1882. [microform] Public Archives of Canada Library.
78. Macdonald J.A. Tupper Ch. Grits in office, profession and practice contrasted. Sir John Macdonald's speech at Montreal, Hon. Ch. Tupper's speech at Halifax. Toronto, 1876. [microform] Public Archives of Canada Library.
79. Macdonald, J. Address to the people of Canada. Ottawa, s.n., 1891 [microform]. Public Archives of Canada Library.
80. Macfarlane T. Within the Empire: an Essay on Imperial Federation. Ottawa: J. Hope & Co., 1891. – 90 p.
81. Maclean J. The tariff hand-book shewing the Canadian customs' tariff, with the various changes made during the last thirty years; also the British and American tariffs, in full; and the more important portions of the tariffs of France, Germany, Holland, Belgium, Italy and Switzerland; all taken from the best authorities. Toronto: Rose-Belford, 1878. - 160 p.

82. Mathews J. A Colonist on the Colonial Question. Toronto: Adam, Stevenson & Co., 1872. - 224 p.
83. Maycock W. With Mr. Chamberlain in the United States and Canada, 1887-88. Lnd.: Chatto & Windus, 1914. – 278 p.
84. Mercier H. Les principes de l'Hon. M. Mercier. S.l., s.n., 1890 [microforme]. Public Archives of Canada Library.
85. Morgan O. Lecture by O.V. Morgan, M.P., before the Montreal Branch of the Imperial Federation League in Canada, October 24th, 1887. Montreal: s.n. [microform] Public Archives of Canada Library.
86. Mowat O. The Reform Party and Canada's future. Toronto: s.n., 1891. [microform] Public Archives of Canada Library.
87. Munto F. Under which Flag? The Great Question for Canada. Providence, Rhode Island: The Rhode Island news company, 1893. – 31 p.
88. Oliphant W.H. Shall Canada have a navy of her own. Lnd, 1909.
89. Our Best Policy. Toronto: Hunter & Rose, 1895. – 27 p.
90. Parkin G. Imperial Federation. Lnd.: Macmillan and Co, 1892. – 314 p.
91. Imperialism and Canada, 1895 - 1903 / Ed. by R. Page. Toronto: Holt, Rinehart, and Winston of Canada, 1972. – 117 p.
92. Pelland J.O. Biographie, discours, conferences, etc. de l'Hon. Honoré Mercier. Montréal, 1890. – 814 p.
93. Pioneer and Historical Association of the Province of Ontario, Canada. Toronto: s.n., 1888. [microform] Public Archives of Canada Library.
94. Porritt E. Sixty Years of Protection in Canada. 1846-1912. Winnipeg: Macmillan and Co, 1913. – 478 p.
95. Reprint of Mr. Geo. Parkin's article in Century. Dr. Beer's speech at Syracuse, New York. Mr. Cattanach's letter to the Globe. The Empire's interview with Mr. Hopkins. Toronto: s.n., 1889. [microform] Public Archives of Canada Library.

96. Ross G. Address delivered before the Toronto Branch British Empire League. Toronto: Carswell, 1897. [microform] Public Archives of Canada Library.
97. Smith G. Political Destiny of Canada. Toronto: Willing & Williamson, 1878. – 197 p.
98. Smith G. Canada and Canadian Question. Toronto: Hunter, Rose, 1891. – 325 p.
99. Tardivel J.-P. L'Anglicisme, voilà l'ennemi : causerie faite au Cercle catholique de Québec, le 17 décembre 1879 par J.P. Tardivel, rédacteur du Canadien, imprimerie du Canadien. Québec, 1880 [microforme]. Public Archives of Canada Library.
100. Tardivel J.-P. La langue française au Canada. Montreal: La compagnie de publication de la Revue canadienne, 1901. – 63 p.
101. Tardivel J.-P. Mélanges ou Recueil d'études religieuses, sociales, politiques et littéraires. T.1-3. Québec, 1887-1903.
102. Tardivel J.-P. Vie du pape Pie IX; ses oeuvres et ses douleurs. Québec : J.N. Duquet, 1878. -121 p.
103. The Canadian Century. English-Canadian Writing since Confederation / Ed. by A.J.M. Smith. Toronto: Gage Educational Publishing, 1973. – 652 p.
104. The Centennial of the Settlement of Upper Canada by the United Empire Loyalists, 1784-1884. Toronto: Rose publishing company, 1885. – 334 p.
105. The Handbook of Commercial Union. Toronto: Hunter, Rose, 1888. – 294 p.
106. Transactions of the Literary and Historical Society of Quebec. Session of 1870-71. Quebec: Middleton & Dawson, 1871.
107. Wiman E. Canada and Great Britain. [microform] Public Archives of Canada Library.
108. Wiman E. Closest trade relations between the United States and Canada. Toronto: National Pub. Co., 1892. – 40 p.
109. Wiman E. Commercial union between the United States and Canada: some letters, papers and speeches. Toronto: Toronto New Company, 1887. – 38 p.

110. Wiman E. Does annexation follow: commercial union and British connection. Toronto: s.n., 1887. [microform] Public Archives of Canada Library.

111. Young J. Our National Future. Toronto: Printed and published by R.G. McLean, 1888. – 16 p.

112. Young J. Public men and public life in Canada; the story of the Canadian confederacy, being recollections of Parliament and the press, vol. I-II. Toronto: W. Briggs, 1912.

### Периодические издания.

113. La Nouvelle-France; revue des intérêts religieux et nationaux du Canada français. Vol. 1-13. 1902-1914.

114. La Vérité, 1904 – 1905.

115. Le Devoir, 1910 – 1913.

116. Le Nationaliste, 1902 - 1907.

117. Rose-Belford's Canadian Monthly and National Review, 1871 – 1883.

118. The Bystander, 1880-1885.

119. The Canadian Magazine of Art, Science and Literature, 1893 – 1914.

120. The Globe, 1914.

121. The Manitoba Free Press, 1887 - 1891.

122. The National monthly of Canada. Vol. 1-7. 1902-1905.

### Художественные произведения.

123. Макленнан Х. Два одиночества. / Пер. с англ. Н. Разумовской и С. Самостреловой; Послесл. А. Савуронок. — Л.: Худож. лит., 1990. — 459с.

124. Bengough, J. W. A caricature history of Canadian politics: events from the union of 1841, as illustrated by cartoons from Grip, and various other sources. Vol. 1-2. Toronto: The Grip Printing and Publishing Co., 1886.
125. Liston J. Poetry for the Dominion of Canada. Toronto: Adam, Stevenson. 1868. – 96 p.
126. Ninety nine: a calendar for the year 1899, with drawings illustrative of country life in Canada. Toronto: designed and published by the Toronto Art League. 1899. – 32 p.
127. Ninety-eight: a calendar for the year 1898; with some drawings suggestive of the everyday life of the past in Canada. Toronto: designed and published by the Toronto Art League. 1898. – 32 p.
128. Ninety-seven: a calendar for the year 1897 with sketches of some Canadian water-ways and appropriate selections from Canadian writers. Toronto: designed and published by the Toronto Art League. 1897. – 32 p.
129. Ninety-six: a calendar for the year 1896 with sketches of some Canadian water-ways and appropriate selections from Canadian writers. Toronto: designed and published by the Toronto Art League. 1896. – 32 p.
130. Tardivel J.-P. Pour la patrie: roman du XXe siècle. Montréal: Cadieux & Derome, 1895. – 451 p.

## Исследования.

1. Андерсон Б. Воображаемые сообщества. Размышления об истоках и распространении национализма. / Пер. с англ. В. Николаева; Вступ. ст. С. Баньковской. — М.: «КАНОН-пресс-Ц», «Кучково поле», 2001. — 288с.
2. Бергер П., Лукман Т. Социальное конструирование реальности. Трактат по социологии знания. М.: "Медиум", 1995. - 323 с.
3. Грудзинский В.В. На повороте судьбы: Великая

Британия и имперский федерализм (последняя треть XIX – первая четверть XX веков). Челябинск: Челяб. гос. ун-т., 1996. - 312 с.

4. Ермакович Л.М. Политическая борьба в Венесуэле в конце XIX – начале XX вв. М.: Наука, 1989. – 155 с.
5. Иванов А.Г. Джозеф Хау: региональный и имперский патриот // Россия и Канада в исторической ретроспективе и современных реалиях. Магнитогорск, 2006.
6. Киселёва О.А. Внешнеполитическая мысль США и планы аннексии Канады в 1865-1871 гг. // Из истории общественной мысли и политических движений в новое и новейшее время. Куйбышев, 1988.
7. Коленеко В.А. Восприятие Канады в дореволюционной России // Актуальные проблемы истории Канады: современные подходы отечественной новистики. Магнитогорск, 2009.
8. Коленеко В.А. Французская Канада в прошлом и настоящем, М.: "Наука", 2006. - 314 с.
9. Коротеева В.В. Теории национализма в зарубежных социальных науках. М.: Изд-во РГГУ, 1999, 140 с. 1999.
10. Корф С.А. Автономные колонии Великобритании. СПб: типография Тренке и Фюсно, 1914. – 452 с.
11. Крюков Н.А. Канада. СПб: департамент земледелия, 1897. – 232 с.
12. Кукушкин В.Е. “Империализм” и “континентализм” в судьбах Канады (конец XIX - начало XX в.в.) // Британская история XIX – XX в.в.: люди, события, идеи. Челябинск, 1997.
13. Кукушкин В.Е. Из истории канадской национальной идеи первой трети XX века: Джон Скривнинг Юарт (1849-1933) // Вестник Челябинского государственного университета, серия I: История. Челябинск, 1999, №1.
14. Кукушкин В.Е. Канада и англо-бурская война // Из британской истории нового и новейшего времени. Челябинск, 1992.
15. Ливен Д. Российская империя и её враги с XVI века до наших дней. М.: Европа, 2007. – 688 с.
16. Лист Ф. Национальная система политической

экономии. СПб: А. Э. Мартенс, 1891. – 486 с.
17. Лузянин Г.И. Россия и Канада в 1893-1927 гг. М.: Прометей, 1997. - 262 с.
18. Малахов В.С. Национализм как политическая идеология. М.: Издательство КДУ, 2005. – 320 с.
19. Мижуев П.Г. История колониальной политики и колониальной империи Англии. СПб.: Брокгауз и Эфрон, 1909. - 216 с.
20. Мижуев П.Г. Крестьянское царство. Очерки развития и современного состояния Канады. Спб, 1906.
21. Милейковский А.Г. Канада и англо - американские противоречия. М: Госполитиздат, 1958. - 504 с.
22. Милль Дж. Ст. Представительное правление. СПб, 1861. – 77 с.
23. Нохрин И.М. Общественно-политическая мысль Канады в 70 – 90-е гг. XIX века: поиск национальной идентичности и проблема имперского единства // Вестник Челябинского государственного университета, серия "История". Вып. 32. 2009, №16.
24. Нохрин И.М. Голдуин Смит и континентализм в Канаде в последней трети XIX века // Вестник Челябинского государственного университета, серия "История". Вып. 38. 2009, №41.
25. Нохрин И.М. Жюль-Поль Тардивель и становление идей франкоканадского сепаратизма в последней трети XIX в. // Вестник Челябинского государственного университета, серия "История". Вып. 44. 2011, № 9.
26. Нохрин И.М. Канада и Британская империя: межнациональные и национально-государственные проблемы в политической мысли Квебека (конец XIX – нач.XX вв.) // Сборник научных работ аспирантов и студентов исторического факультета ЧелГУ. Выпуск 3 / Под ред. Т.В.Любчанской. Челябинск: «РЕКПОЛ», 2007.
27. Нохрин И.М. Канадская нация как предмет осмысления политиков и публицистов Британской Северной Америки (60-е – 80-е гг. XIX в.) // Сборник научных работ аспирантов и студентов исторического факультета ЧелГУ. Выпуск 4 / Под ред.

Т.В.Любчанской. Челябинск: «РЕКПОЛ», 2009.

28. Нохрин И.М. Организация “Канада прежде всего” в контексте развития общественно-политической мысли Британской Северной Америки (кон. 60–70-е гг. XIX в.) // Актуальные проблемы истории Канады: современные подходы отечественной новистики. Магнитогорск, 2009.
29. Пушкарев Л.Н. Содержание и границы понятия “общественная мысль” // Отечественная история. 1992. № 3.
30. Сороко-Цюпа О.С. История Канады. М: Высшая школа, 1985. - 304 с.
31. Суанкей Б. Габриэль Дюмон и восстание 1885 г. в Саскачеване. М.: Прогресс, 1980. - 141 с.
32. Тишков В.А. Кошелев Л.В. История Канады. М.: Мысль, 1982. - 268 с.
33. Хобсбаум Э. Век капитала. Ростов-на-Дону: Феникс, 1999. - 480 с.
34. Хобсбаум Э. Нации и национализм после 1780. http://www.bookssite.ru/scr/read_130537_18.html
35. Хрох М. От национальных движений к полностью сформировавшейся нации: процесс строительства наций в Европе // Нации и национализм, М.: Праксис, 2002. – 416 с.
36. Berger C. Sense of Power. Studies in the Ideas of Canadian Imperialism, 1867 - 1914. Toronto, 1970. - 277 P.
37. Bothwell R. Canada and Québec: one country, two histories. Vancouver: UBC Press, 1998. – 279 p.
38. Brebner J. B. Canada. A modern History. Ann Arbor: University of Michigan Press, 1960. – 570 p.
39. Bumsted J.M. The Peoples of Canada. A Post-Confederation History. Oxford: Oxford University Press, 2004. – 656 p.
40. Burpee L.J. Joseph Howe and the Anti-Confederation League // Transactions of the Royal Society of Canada, section II, series III, vol. X. Ottawa, 1917.
41. Cameron D. Nationalism, Self-Determination and the Quebec Question. Toronto: Macmillan of Canada. 1974. – 177 p.

42. Canada and the British Empire / Ed. by Ph. Buckner. Oxford: Oxford University Press, 2008. – 294 p.
43. Collins J.E. Canada under the administration of Lord Lorne. Toronto: Rose Pub. Co., 1884. – 567 p.
44. Cook R. Canada, Quebec and the Uses of Nationalism. Toronto: McClelland and Stewart. 1986. – 224 p.
45. Cook R. The French-Canadian Nationalism. Toronto: Macmillan of Canada. 1969. – 219 p.
46. Cook R. The Maple Leaf Forever. Toronto: Macmillan of Canada. 1977. – 245 p.
47. Dafoe J. W. Laurier: A Study in Canadian Politics. Toronto: Thomas Allen. 1922. - 182 p.
48. Dawson R. The Development of Dominion Status, 1900 – 1936. Lnd.: Oxford University Press, 1965. – 466 p.
49. Dent J. Ch. The Last Forty Years. Canada since the Union of 1841, vol. 2. Toronto: G. Virtue, 1881. – 649 p.
50. Durocher R., Linteau P.-A., Robert J.-C. Quebec, a history, 1867-1929. Toronto: James Lorimer & Company, 1983. – 602 p.
51. Fay T.J. A history of Canadian Catholics: Gallicanism, Romanism, and Canadianism. Montreal: McGill-Queen's Press – MQUP, 2002. – 400 p.
52. Federalism in Canada and Australia: the early years / ed. by B. W. Hodgins, D. Wright, W. H. Heick. Waterloo, Ont.: Wilfrid Laurier Univ. Press, 1978. – 318 p.
53. Ferguson N. Empire. How Britain Made the Modern World. Lnd.: Penguin books, 2007. – 422 c.
54. Francis D. Jones R. Smith D. Destinies. Canadian History since Confederation. Toronto: Holt, Rinehart, and Winston of Canada, 1988. – 493 p.
55. Fraser A.B. The Flags of Canada. http://www.fraser.cc/FlagsCan/Nation/Ensigns.html
56. Gosnell R.E. The Story of Confederation with Postscript on Quebec Situation. Toronto: s.n., 1917. - 156 p.
57. Histoire Générale du Canada / ed. by C. Brown. Québec: Éditions du Boréal, 2005. – 694 p.
58. Hopkins, J. Life and work of the Rt. Hon. Sir John Thompson, prime minister of Canada. Toronto: Bradley, Garretson & Co., 1895. – 479 p.

59. James. L. The Rise and Fall of the British Empire. Lnd.: Abacus, 2005. – 707 p.
60. Jordan G. H. S. Popular literature and Imperial Sentiment: changing attitudes, 1870-1890 // The Canadian Historical Association. Annual Meeting. Ottawa, 1967.
61. Judd D. Empire. The British Imperial Experience from 1765 to the Present. Lnd.: Fontana Press, 1996. – 544 p.
62. Leggo W. The history of the administration of the Right Honorable Frederick Temple, Earl of Dufferin ... late Governor General of Canada. Montreal: Lovell Print. and Pub. Co., 1878. – 901 p.
63. Longley J.W. Sir Charles Tupper. Toronto: Makers of Canada (Morang) Ltd., 1916. – 304 p.
64. MacLean G. The Imperial Federation Movement in Canada, 1884 - 1902. Lnd., 1982. - 413 P.
65. McMullen J.M. The history of Canada from its first discovery to the present time. Brockville, Ont.: McMullen & Co., 1868. – 613 p.
66. Miller C. Painting the map red: Canada and the South African War, 1899-1902. Montreal-Kingston: McGill-Queen's Press, 1998. – 541 p.
67. Milner H. Canada and the Crisis of the Quebec state // Nationalism, Imperialism, and Canada. Essays from the Marxist Institute of Toronto. Toronto: New Hogtown Press, 1977. – 206 p.
68. Monet J. Canadians, Canadiens and Colonial Nationalism 1896 – 1914: the Thorn in the Lion's Paw // The rise of colonial nationalism / Ed. by J. Eddy, D. Schreuder. Sydney: Allen & Unwin, 1988. – 258 p.
69. Morton W.L. The Canadian Identy. Toronto, 1961. – 162 p.
70. Mulvany C. P. History of Toronto and county of York, Ontario, containing an outline of the history of the Dominion of Canada. Toronto: C.B. Robinson, 1885. – 1379 p.
71. Mulvany, Ch. The History of the North-West Rebellion of 1885, Comprising a Full and Impartial Account of the Origin and Progress of the War, Toronto: A.H. Hovey, 1886. – 440 p.
72. Nationalism in Canada. / Ed. by P. Russel. Toronto:

McGraw-Hill. 1966. – 377 p.
73. Page R. Imperialism and Canada, 1895-1903. Toronto Holt, Rinehart, and Winston of Canada, 1972. – 117 p.
74. Paquin S. The myth of the Compact theory of Canadian Federation. http://canadahistory.com/sections/papers/paquin.htm
75. Penlington N. Canada and Imperialism, 1896-1899. Toronto: University of Toronto Press. 1971. – 288 p.
76. Shortt A. Doughty A.G. Canada and its Provinces. A History of the Canadian People and Their Institutions. Toronto: Printed by T. & A. Constable at the Edinburgh University Press for the Publishers' Association of Canada, 1914.
77. Silver A. French Quebec and the Metis Question // The West and the Nation. Ed. by Berger C. Cook R. Toronto: McClelland and Stewart, 1976. – 335 p.
78. Silver A. I. The French-Canadian idea of Confederation, 1864-1900. Toronto: University of Toronto Press, 1982. – 283 p.
79. Sir John A. Builds a Nation. The Expansion of Confederation 1867 – 1873 / Ed. by Robertson R.W.W. Toronto: Burns & MacEachern, 1970. – 41 p.
80. Skelton O.D. Life and Letters of Sir Wilfrid Laurier. Vol.1-2. Toronto: Oxford University Press. 1921.
81. The Atlantic Provinces in Confederation / Ed. by E. R. Forbes, D. A. Muise. Toronto: University of Toronto Press, 1993. – 628 p.
82. The Cambridge History of the British Empire, Vol. III. Cambridge: Cambridge University Press, 1959. – 948 p.
83. The Oxford History of the British Empire. Vol. III. Oxford – New-York: Oxford University Press, 1999. – 800 p.
84. Trofimenkoff S. M. The Dream of Nation. A social and Intellectual History of Quebec. Toronto: Macmillan of Canada.1982. – 344 p.
85. Tuttle Ch. R. Short history of the Dominion of Canada, from 1500 to 1878. Boston: Lee, 1878. – 666 p.
86. Underhill F. H. In Search of Canadian Liberalism. Toronto: Macmillan Co. of Canada, 1960. -282 p.
87. Wade M. The French Canadians, 1760-1945. N.-Y.:

Macmillan, 1955. – 1136 p.
88. Wallace S.W. The Growth of Canadian National Feeling. Toronto: MacMillan, 1927. – 85 p.
89. Warner D. F. The Idea of Continental Union: Agitation for the Annexation of Canada to the United States, 1849-1893. Lexington, Kentuky: University of Kentucky Press, 1960. – 276 p.
90. Watson S. J. The constitutional history of Canada. Toronto: Stevenson & Company, 1874. – 175 p.
91. Wells S.M.D. Imperialism and the National Question in Canada. Toronto: Moore, 1975. – 120 p.
92. Withrow W.H. A popular history of the Dominion of Canada. Toronto: W. Briggs, 1878. – 672 p.

**Авторефераты и диссертации.**

93. Акимов Ю. Г. Англо-французские отношения и соперничество в Северной Америке в XVII - начале XVIII в. (диссертация на соискание ученой степени д. и. н.). СПб, 2003.
94. Бабаев Э.А. Основные направления внешней политики Канады в 70-е гг. XX века (диссертация на соискание ученой степени к. и. н.). Красноярск, 2004. – 192 с.
95. Василенко М.В. Эволюция партийной системы Канады: 90-е гг. XX века (диссертация на соискание ученой степени к. и. н.). Волгоград, 2004. – 211 с.
96. Жуковская Н.Ю. Канада в системе международных отношений 1914-1919 гг. (диссертация на соискание ученой степени к. и. н.). Тамбов, 2006. – 191 с.
97. Иванов А.Г. Исторический опыт Канады глазами П.А. Кропоткина (диссертация на соискание ученой степени к. и. н.). Магнитогорск, 2005. – 192 с.
98. Кукушкин В.Е. Канада и эволюция имперских отношений в конце XIX – начале XX в. (диссертация на соискание ученой степени к. и. н.). Пермь, 1994.
99. Учаев А.Н. Экономика и вооружённые силы Канады в годы второй мировой войны (диссертация на соискание

ученой степени к. и. н.). Саратов, 2003.
100. Щербина Т.А. Канадо-Советские отношения (1942-1953 гг.) основные тенденции и направления (диссертация на соискание ученой степени к. и. н.). Ставрополь, 2004. – 290 с.
101. Cook R. The political ideas of John W. Dafoe, 1866-1944. Vol. 1-2. Thesis, Ph.D. Toronto, 1960.

**Справочно - статистические издания.**

102. Энциклопедический словарь Брокгауза и Ефрона (электронная версия). Мультимедиа-издательство "Адепт" 2002.
103. Dictionary of Canadian Biography http://www.biographi.ca
104. Hopkins J.C. Canada, an encyclopaedia of the country. Vol. 1-5. Toronto: Linscott Pub. Co., 1898-1900.
105. Oswald J. A Dictionary of Etymology of the English Language, and of English Synonymes and Paronymes. Edinburgh: Adam & Charles Black, 1866.
106. The Canada Year Book. Vol. 1906-1914. Ottawa 1907-1915.

# Примечания:

Введение

[1] Shortt A. Doughty A.G. Canada and its Provinces. A History of the Canadian People and Their Institutions. Vol. 6. Toronto, 1914. P. 4.

[2] Хобсбаум Э. Век капитала. Ростов-на-Дону, 1999. С. 423.

[3] Малахов В.С. Национализм как политическая идеология. М., 2005. С. 42.

[4] См. Хобсбаум Э. Нации и национализм после 1780. Гл. 1. http://www.bookssite.ru/scr/read_130537_18.html

[5] Подробнее об использовании социального конструктивизма в качестве методологии изучения проблем нации и национализма см. Малахов В.С. Ук. соч. С. 103-121.

[6] Бергер П., Лукман Т. Социальное конструирование реальности. Трактат по социологии знания. М., 1995. С. 38.

[7] Там же. С. 243-246.

[8] Малахов В.С. Ук. соч. С. 39.

[9] Коленеко В.А. Восприятие Канады в дореволюционной России // Актуальные проблемы истории Канады: современные подходы отечественной новистики. Магнитогорск, 2009. С. 166.

[10] Там же. С. 167.

[11] Крюков Н.А. Канада. СПб., 1897.

[12] Мижуев П.Г. История колониальной политики и колониальной империи Англии. Спб., 1909; Мижуев П.Г. Крестьянское царство. Очерки развития и современного состояния Канады. Спб., 1906.

[13] Корф С.А. Автономные колонии Великобритании. СПб., 1914. Гл. 1. Государственный строй Канады. С. 1-99.

[14] Милейковский А.Г. Канада и англо - американские противоречия. М., 1958.

[15] Канада 1918-1945. Исторический очерк / Отв. ред. Л.В. Поздеева. М., 1976.

[16] Тишков В.А. Кошелев Л.В. История Канады. М. 1982; Сороко-Цюпа О.С. История Канады. М., 1985.

[17] см. например Коленеко В.А. Квебекская проблема в послевоенной Канаде. М., 1981; Тишков В.А. Освободительное движение в колониальной Канаде. М., 1978. Тишков В.А. К истории возникновения франкоканадского национального вопроса // Вопросы истории. 1974. №1. С. 76-90; Кошелев Л.В. Трагедия жителей Акадии // Вопросы истории. 1971. №9. С. 212-215; Сороко-Цюпа О.С. Национальное движение во французской Канаде 60-х годов XX в. // Расы и народы. 1973. Вып. 3. С. 213-233.

[18] Кукушкин В.Е. Канада и эволюция имперских отношений в конце XIX – начале XX в. (диссертация на соискание ученой степени к. и. н.). Пермь, 1994.

[19] Кукушкин В.Е. Канада и англо-бурская война // Из британской истории нового и новейшего времени. Челябинск, 1992; Кукушкин В.Е. “Империализм” и “континентализм” в судьбах Канады (конец XIX - начало XX в.в.) // Британская история XIX – XX в.в.: люди, события, идеи. Челябинск, 1997; Кукушкин В.Е. Из истории канадской национальной идеи первой трети XX века: Джон Скривнинг

Юарт (1849-1933) // Вестник Челябинского государственного университета, серия I: История. Челябинск, 1999, №1.

[20] Размышления о Канаде: историко-культурологический альманах / Отв. ред. В.А. Коленеко. Вып.1. М., 1996; Размышления о Канаде: историко-культурологический альманах / Отв. ред. В.А. Коленеко. Вып.2. М., 1999.

[21] Лузянин Г.И. Россия и Канада в 1893-1927 гг. М.: Прометей, 1997. – 262 с.

[22] Акимов Ю.Г. От межколониальных конфликтов к битве империй: англо-французское соперничество в Северной Америке в XVII-начале XVIII в. СПб, 2005; Коленеко В.А. Католический синдикализм в Канаде: теория и практика (1920 – 1960). М., 2000.Коленеко В.А. Французская Канада в прошлом и настоящем, М., 2006.

[23] Размышления о Канаде: историко-культурологический альманах / Отв. ред. В.А. Коленеко. Вып.3. М. 2007; Размышления о Канаде: историко-культурологический альманах / Отв. ред. В.А. Коленеко. Вып.4. Волгоград, 2007; Россия и Канада в исторической ретроспективе и современных реалиях. Магнитогорск, 2006; Актуальные проблемы истории Канады: современные подходы отечественной новистики. Магнитогорск, 2009.

[24] Учаев А.Н. Экономика и вооружённые силы Канады в годы второй мировой войны (диссертация на соискание ученой степени к. и. н.)/ Саратов, 2003; Василенко М.В. Эволюция партийной системы Канады:90-е гг. XX века (диссертация на соискание ученой степени к. и. н.). Волгоград, 2004; Иванов А.Г. Исторический опыт Канады глазами П.А. Кропоткина (диссертация на соискание ученой степени к. и. н.). Магнитогорск, 2005. – 192 с. Жуковская Н.Ю. Канада в системе международных отношений 1914-1919 гг. (диссертация на соискание ученой степени к. и. н.). Тамбов, 2006; Щербина Т.А. Канадо-Советские отношения (1942-1953 гг.) основные тенденции и направления (диссертация на соискание ученой степени к. и. н.). Ставрополь, 2004; Бабаев Э.А. Основные направления внешней политики Канады в 70-е гг. XX века (диссертация на соискание ученой степени к. и. н.). Красноярск, 2004; Акимов Ю. Г. Англо-французские отношения и соперничество в Северной Америке в XVII - начале XVIII в. (диссертация на соискание ученой степени д. и. н.).СПб, 2003.

[25] Малахов В.С. Ук. соч. С. 44.

[26] В качестве примера можно привести такие работы как Brown G. Building the Canadian Nation. Toronto. 1942; Tansill Ch. Canadian-American Relations. 1875-1911. New Haven. 1943; Lower A.R.M. Colony to Nation. A History of Canada. Toronto, 1946; Brebner J. North Atlantic Triangle. New Haven, 1945.

[27] Wallace S.W. The Growth of Canadian National Feeling. Toronto, 1927. P. 2.

[28] Ibid. P. 13, 20.

[29] Wade M. The French Canadians, 1760-1945. N.-Y., 1955. P. vii.

[30] Warner D. F. The Idea of Continental Union. Lexington, Kentuky. 1960; Wade M. Op. cit.; Underhill F. H. In Search of Canadian Liberalism. Toronto. 1960.

[31] MacLean G. The Imperial Federation Movement in Canada, 1884 - 1902. Lnd., 1982. P. 311.
[32] Berger C. Sense of Power. Studies in the Ideas of Canadian Imperialism, 1867 - 1914. Toronto, 1970.
[33] Penlington N. Canada and Imperialism. Toronto, 1971.
[34] Morton W.L. The Canadian Identy. Toronto. 1961.
[35] Ibid. P. 89, 93, 95, 99, 100-114.
[36] Ibid. P. 51.
[37] Ibid. P. 3.
[38] Коротеева В.В. Теории национализма в зарубежных социальных науках. М., 1999. С. 17.
[39] Nationalism in Canada. / Ed. by P. Russel. Toronto. 1966.
[40] Ibid. P. ix-x.
[41] Ibid. P. x , 47, 112, 164, 306.
[42] Berger C. The True North Strong and Free // Nationalism in Canada. P. 5-18.
[43] The Canadian Historical Association. Annual Meeting. Ottawa. 1967.
[44] Saunders R.M. The Historian and the Nation.// Ibid.
[45] Stacey C.P. Nationality: the Experience of Canada // Ibid. P. 10.
[46] Jordan G. H. S. Popular literature and Imperial Sentiment: changing attitudes, 1870-1890 // Ibid.
[47] Cook R. The French-Canadian Nationalism. Toronto. 1969. P. 13.
[48] Cameron D. Nationalism, Self-Determination and the Quebec Question. Toronto. 1974; Wells S.M.D. Imperialism and the National Question in Canada. Toronto. 1975; Cook R. The Maple Leaf Forever. Toronto. 1977; Cook R. Canada, Quebec and the Uses of Nationalism. Toronto. 1986.
[49] Cameron D. Op. cit. P. xi, 143-157.
[50] Cook R. Op. cit. P. 186.
[51] В качестве примера можно обратиться к таким известным работам как Barlow M. Campbell B. Take Back the Nation. Toronto. 1991; A Passion for Identy / Ed. By E. Mandel, D. Taras. Scarborough. 1988; Grant G. Lament for a nation. The defeat of Canadian Nationalism. Toronto. 1998; Friesen G. Citizens and Nation. An Essay on History, Communication, and Canada. Toronto. 2000; Manning E. Ephemeral Territories. Representing Nation, Home, and Identity in Canada. Minneapolis. 2003.
[52] The rise of colonial nationalism / Ed. by J. Eddy, D. Schreuder. Sydney. 1988.
[53] Monet J. Canadians, Canadiens and Colonial Nationalism 1896 – 1914: the Thorn in the Lion's Paw // Ibid. P. 160-192.
[54] Ibid. P. 160-163.
[55] Penlington N. Canada and Imperialism, 1896-1899. Toronto. 1971; Page R. Imperialism and Canada, 1895-1903. Toronto. 1972; Wells S.M.D. Op. cit.; Miller C. Painting the map red: Canada and the South African War, 1899-1902. Montreal-Kingston. 1998.
[56] Penlington N. Op. cit. P. 11; Page R. Op. cit. P. 11-12; Miller C. Op. cit. P. xi.
[57] Trofimenkoff S. M. The Dream of Nation. A social and Intellectual History of Quebec. Toronto.1982. Ch.12.; Silver A. I. The French-Canadian idea of Confederation, 1864-1900. Toronto 1982. Ch. IX.

[58] Ливен Д. Российская империя и её враги с XVI века до наших дней. М. 2007. С. 25.
[59] The Oxford History of the British Empire. Oxford – New-York, 1999. Vol. III. P. .543.
[60] Judd D. Empire. The British Imperial Experience from 1765 to the Present. Lnd. 1996. P. 148.
[61] Ливен Д. Российская империя и её враги с XVI века до наших дней. М. 2007. С. 114.
[62] James. L. The Rise and Fall of the British Empire. Lnd. 2005. P. 311-312.
[63] Proceedings of the Royal Colonial Institute. Vol. XXV; Proceedings of the Royal Colonial Institute. Vol. XXXVIII.
[64] Андерсон Б. Воображаемые сообщества. Размышления об истоках и распространении национализма. М. 2001. Гл. 3.
[65] Continental Union. A Short Study of its Economic Side. Toronto, 1893; Commercial Union between the United States and Canada. Toronto, 1887; Continental Union Club. Toronto, 1891.
[66] Smith Goldwin. Canada and Canadian Question, Toronto, 1891; The Bystander. 1880-1885.
[67] Parkin G. Imperial Federation. Lnd., 1892.
[68] Asselin O. A Quebec View of Canadian Nationalism, Montreal, 1909.
[69] Canada First, Toronto, 1890.
[70] Макленнан Х. Два одиночества. Л, 1990; Tardivel J.-P. Pour la patrie: roman du XXe siècle. Montréal, 1895; Liston J. Poetry for the Dominion of Canada. Toronto. 1868; Ninety-six: a calendar for the year 1896 with sketches of some Canadian water-ways and appropriate selections from Canadian writers. Toronto. 1896; Ninety-eight: a calendar for the year 1898; with some drawings suggestive of the everyday life of the past in Canada. 1898; Ninety nine: a calendar for the year 1899, with drawings illustrative of country life in Canada. Toronto. 1899.

Глава 1.

[71] См. например Wallace S.W. The Growth of Canadian National Feeling. 1927. 11-12.
[72] Подробнее об этом Киселёва О.А. Внешнеполитическая мысль США и планы аннексии Канады в 1865-1871 гг. // Из истории общественной мысли и политических движений в новое и новейшее время. Куйбышев, 1988. С. 45-59.
[73] Federalism in Canada and Australia: the early years / ed. by B. W. Hodgins, D. Wright, W. H. Heick. Waterloo, Ont., 1978. P. 62.
[74] Shortt A. Doughty A.G. Canada and its Provinces. A History of the Canadian People and Their Institutions, vol. 17. Toronto, 1914. P. 119.
[75] Federalism in Canada and Australia: the early years. P. 66.
[76] Huntington C.R. L'indépendence du Canada. Montreal, 1869. P. 3.
[77] Gosnell R.E. The Story of Confederation with Postscript on Quebec Situation. Toronto, 1917. P. 72, 140.
[78] Burpee L.J. Joseph Howe and the Anti-Confederation League // Transactions of the Royal Society of Canada, section II, series III, vol. X. Ottawa, 1917. P. 467.
[79] Bumsted J.M. The Peoples of Canada. A Post-Confederation History. Oxford, 2004. P. 4.

[80] Иванов А.Г. Джозеф Хау: региональный и имперский патриот // Россия и Канада в исторической ретроспективе и современных реалиях. Магнитогорск, 2006. С. 16.
[81] Burpee L.J. Op. cit. P. 412.
[82] Francis D. Jones R. Smith D. Destinies. Canadian History since Confederation. Toronto, 1988. P. 33.
[83] The Viscount Monck to Sir John Macdonald // Correspondence of Sir John Macdonald / Ed. by Joseph Pope. Toronto, 1921. P. 70.
[84] См. Хобсбаум Э. Нации и национализм после 1780 г., гл. 1. СПб., 1998.
[85] Лист Ф. Национальная система политической экономии. СПб., 1891. С. 224; Милль Дж. Ст. Представительное правление. http://www.sotsium.ru/books/103/103/mill_represantative%20government%20chVIII-XVIII.html#xgl18
[86] Малахов В.С. Национализм как политическая идеология. М., 2005. С. 30-39.
[87] Oswald J. A Dictionary of Etymology of the English Language, and of English Synonymes and Paronymes. Edinburgh, 1866. Pp. 221, 331, 411, 473, 571.
[88] См. например Cushing C. The Treaty of Washington; its negotiation, execution, and the discussions relating thereto. N.-Y., 1873. P. 9, 277-278; Howell A. Naturalization and nationality in Canada. Toronto, 1884. P. 9, 59.
[89] The Canada Year Book. Vol. 1906. Ottawa, 1907. P. 2-3.
[90] Ibid. P. 3.
[91] Paquin S. The myth of the Compact theory of Canadian Federation. http://canadahistory.com/sections/papers/paquin.htm
[92] Young J. Public men and public life in Canada; the story of the Canadian confederacy, being recollections of Parliament and the press, vol. II. Toronto, 1912. P. 36.
[93] McMullen J.M. The history of Canada from its first discovery to the present time. Brockville, 1868. P. v.
[94] Canada's Founding Debates / ed. by J. Ajzenstat, I. Gentles Toronto, 2003. P. 185.
[95] Fisher R. Canada's Alternatives // Rose-Belford's Canadian Monthly and National Review. 1875, Nov., vol. VIII. P. 429.
[96] Foster W. A. Canada First // Canada First : A Memorial of the Late William A. Foster. Toronto, 1890. P. 39, 45.
[97] Johnson J.H. Education, Practical and National // Transactions of the Literary and Historical Society of Quebec. Session of 1870-71. Quebec, 1871. P. 73.
[98] Silver I. The French-Canadian Idea of Confederation. Toronto, 1997. P. 33-34.
[99] Wade M. The French Canadians, 1760-1945. N.-Y., 1955. P. 351.
[100] Cazes P. Petites Notes sur le Canada. Quebec, 1882. P. 24.
[101] The Atlantic Provinces in Confederation / Ed. by E. R. Forbes, D. A. Muise. Toronto, 1993. P. 39.
[102] Иванов А.Г. Ук. соч. С. 21-22.
[103] Mackenzee G.A. Nationalism and Reaction // Rose-Belford's Canadian Monthly and National Review. 1877, Dec., Vol. XII. P. 594 - 595.
[104] The Canadian Century. English-Canadian Writing since Confederation / Ed. by A.J.M. Smith. Toronto, 1973. P. 6-7.
[105] Leggo W. The history of the administration of the Right Honorable Frederick Temple, Earl of Dufferin ... late Governor General of Canada. Montreal, 1878. P. 31; Bengough J.W. The Grip cartoons. Toronto, 1875. P. 10, 62, 154.

[106] Drummond A.T. Imperial and Colonial Confederation // Rose-Belford's Canadian Monthly and National Review. 1875, May, vol. VII. P. 406.
[107] Davin N.F. The Future of Canada // Rose-Belford's Canadian Monthly and National Review. 1881, May, vol. VI. P. 493-494.
[108] Foster W. A. Canada First. P. 45, 47.
[109] Fisher R. Op. cit. P. 432.
[110] Denison G. T. Robert Grant Haliburton // The Canadian Magazine of Art, Science and Literature. 1901, vol. XVII, №2. P. 129.
[111] Denison G. T. Sir John Schultz and the "Canada First" Party // The Canadian Magazine of Art, Science and Literature. 1896, vol. VIII, №1. P. 16.
[112] Ibid. P. 17.
[113] Sir John A. Builds a Nation. The Expansion of Confederation 1867 – 1873 / Ed. by Robertson R.W.W. Toronto, 1970. P. 17-18.
[114] см. например Histoire Génerale du Canada / ed. by C. Brown. Québec, 2005. P. 375-399; Bumsted J.M. Op. cit. P. 4-25.
[115] Dictionary of Canadian Biography Online. – http://www.biographi.ca/009004-119.01-e.php?&id_nbr=8264&interval=25&&PHPSESSID=meood73o8e33i8drldrahtfqv7
[116] Bumsted J.M. Op. cit. P. 15.
[117] Denison G.T. The Struggle for Imperial Unity. Toronto, 1909. P. 21.
[118] From Sir John Macdonald to George Stephen, Esq. // Correspondence of Sir John Macdonald. P. 112—113.
[119] Denison G. T. Sir John Schultz and the "Canada First" Party. P. 22.
[120] Silver A. French Quebec and the Metis Question // The West and the Nation. Ed. by Berger C. Cook R. Toronto, 1976. P. 92-93.
[121] Ibid. P. 95-96.
[122] Ibid. P. 97.
[123] Bumsted J.M. Op. cit. P. 45.
[124] Brebner J. B. Canada. A modern History. Ann Arbor, 1960. P. 296.
[125] Foster W. A. Op. cit. P. 36-37.
[126] Lindsey Ch. A North American Zollverein // Rose-Belford's Canadian Monthly and National Review. 1872, Feb., vol. I. P. 133.
[127] Ibid. P. 134.
[128] Ibidem.
[129] Smith G. Introduction // Canada First : A Memorial of the Late William A. Foster. P. 4.
[130] Ibid. P. 8 – 9.
[131] Howland W.H. Address of the Canadian National Association to the People of Canada // Ibid. P. 52.
[132] Foster W. A. Party versus Principle. // Ibid. P. 91– 92.
[133] Address to the Canadian National Association // Ibid. P. 59– 60.
[134] Ibid. P. 7-8, 60-62.
[135] Underhill F. H. In Search of Canadian Liberalism. Toronto.,1960, p. 831.
[136] Canada first, an appeal to all Canadians. Toronto, 1880.
[137] Ibid. P. 3-4.
[138] Grant G. M. Canada's Present Position and Outlook // Rose-Belford's Canadian Monthly and National Review. 1880, Aug, vol. V. P. 209.
[139] Canada First : A Memorial of the Late William A. Foster. P. 11-12.
[140] Mathews J. Op. cit. P. 54-55; Grant G. M. Op. cit. P. 209.

[141] Paquin S. Op. cit. http://canadahistory.com/sections/papers/paquin.htm
[142] Bumsted J.M. Op. cit. P. 30.
[143] Porritt E. Sixty Years of Protection in Canada. 1846-1912. Winnipeg, 1913. P. 247.
[144] From Sir John Macdonald to Sir Stafford Northcote. May, 1, 1878 // Correspondence of Sir John Macdonald. Ed. by Joseph Pope. P. 240.
[145] Кукушкин В.Е. “Империализм” и “континентализм” в судьбах Канады (конец XIX - начало XX вв..) // Британская история XIX – XX в.в.: люди, события, идеи. Челябинск, 1997. С. 83.
[146] Collins J.E. Life and times of the Right Honourable Sir John A. Macdonald Premier of the Dominion of Canada. Toronto, 1883. P. 419.
[147] Milner H. Canada and the Crisis of the Quebec state // Nationalism, Imperialism, and Canada. Essays from the Marxist Institute of Toronto. Toronto, 1977. P. 145-146.
[148] Ansell D.A. Political generosity: a Paper Read before the Junior Conservative Club, April, 1881 [microform]. Public Archives of Canada Library. P. 2.
[149] Carrick J. Toryism in the Canadian Confederation [microform]. Public Archives of Canada Library. P. 80.
[150] Blake E. Edward Blake and Liberal principles, anti-monopoly and provincial rights. Toronto, 1882. P. ix.
[151] Grant G. M. Ocean to ocean; Sandford Fleming's expedition through Canada in 1872. Toronto, 1877. P. 390.
[152] Galt A.T. The future of the Dominion of Canada. 1881[microform]. Public Archives of Canada Library. P. 4.
[153] Edgar J.D. Loyalty: an Address Delivered to the Toronto Young Men' s Liberal Club, January 19th, 1885. Toronto, 1885. P. 16-17.
[154] Bourinot J. Canada as a nation. 1885 [microform]. Public Archives of Canada Library. P. 198.
[155] Proceedings of the Royal Colonial Institute, vol. XI. P. 102-103.
[156] Ferguson D. Love of country. Charlottetown, 1885 [microform]. Public Archives of Canada Library. P. iv.
[157] Dent J. Ch. The Last Forty Years. Canada since the Union of 1841, vol. 2. Toronto. 1881. P. 556, 558.
[158] Tuttle Ch. R. Short history of the Dominion of Canada, from 1500 to 1878. Boston, 1878.
[159] Watson S. J. The constitutional history of Canada. Toronto. 1874. Chapter XVII.
[160] Mulvany C. P. History of Toronto and county of York, Ontario, containing an outline of the history of the Dominion of Canada. Vol. 1. Toronto. 1885. P. 56.
[161] см. например Withrow W.H. A popular history of the Dominion of Canada. Toronto, 1878. P. 5.
[162] Collins J.E. Canada under the administration of Lord Lorne. Toronto, 1884. P. 343.
[163] Dent J. Ch. Op. cit. P. 556.
[164] см. например Kirby W. The golden dog. Toronto, 1877; Southesk (earl of). Saskatchewan and the Rocky Mountains, a diary and narrative of travel, etc. Toronto, 1875; Picturesque Canada. 2 vols. Toronto, 1882.
[165] Bourinot J.G. Our intellectual strength and weakness; a short historical and critical review of literature, art and education in Canada. Montreal. 1898. P. 17; Liston J. Poetry for the Dominion of Canada. Toronto. 1868.
[166] Collins J.E. Op. cit. P. 476.

[167] Подробнее об этом см. Хрох М. От национальных движений к полностью сформировавшейся нации: процесс строительства наций в Европе // Нации и национализм, М., 2002.
[168] Canada and the British Empire / Ed. by Ph. Buckner. Oxford, 2008. P. 67-68
[169] Jordan G. H. S. Popular literature and Imperial Sentiment: changing attitudes, 1870-1890 // The Canadian Historical Association. Annual Meeting. Ottawa, 1967. P. 149.
[170] Drummond A.T. Imperial and Colonial Confederation. P. 406.
[171] Great Britain, Canada and the United States // Rose-Belford's Canadian Monthly and National Review. 1872, May, vol. I. P. 466.
[172] Abstract of proceedings at the meeting of representatives held in Montreal to organize a Dominion board of trade. Montreal, 1870. P. 7.
[173] цит. по Грудзинский В.В. На повороте судьбы: Великая Британия и имперский федерализм (последняя треть XIX – первая четверть XX веков). Челябинск, 1996. С.53-54.
[174] Bourinot J. The National Development of Canada. Lnd. 1880 [microform]. Public Archives of Canada Library. P. 1 - 2.
[175] Грудзинский В.В. Ук. соч. С. 26.
[176] Bourinot J. Op. cit. P. 17 - 18.
[177] Blake E. Reform government in the Dominion. Toronto. 1878 [microform]. Public Archives of Canada Library. P. 146.
[178] Davin N.F. The secretary of the Royal Society of Canada. Ottawa, 1882. P. 17.
[179] The Colonial Status Quo vs. Canadian Independence // Rose-Belford's Canadian Monthly and National Review. 1882, Feb., vol. VIII. P. 152.
[180] Galt A.T. The future of the Dominion of Canada. P. 11.
[181] Cuningham G. A scheme for imperial federation. Three Articles Reprinted with Additions from Westminster Review of April, July and October 1879. Lnd., 1895. P. 6 - 7.
[182] Norris W. Canadian Nationality // Rose-Belford's Canadian Monthly and National Review. 1880, Feb., vol. IV. P. 114-115.
[183] Cuningham G. Federation, Annexation, or Independence // Rose-Belford's Canadian Monthly and National Review, 1880, March., vol. IV. P. 242.
[184] Cuningham G. A scheme for imperial federation. P. 8.
[185] Тишков В.А. Кошелев Л.В. История Канады. М., 1982. С. 90.
[186] Maclean J. The Tariff Handbook. The Canadian Custom Tariff. Toronto, 1878. P. 159.
[187] Ibidem.
[188] Kelley W.D. The Proposed Reciprocity Treaty. Philadelphia, 1874. P. 14 – 15.
[189] Cuningham G. Federation, Annexation, or Independence. P. 242.
[190] Грудзинский В.В. Ук. Соч. С. 27.
[191] Kennedy G. Imperial Defense: the Old World Order. N.-Y., 2008. P. 259.
[192] Longley J.W. Sir Charles Tupper. Toronto, 1916. P. 186.
[193] Bourinot J. Op. cit. P. 19.
[194] Drummond A.T. Op. cit. P. 406.
[195] Mathews J. A Colonist on the Colonial Question. Toronto, 1872. P. 69.
[196] Young J. Public men and public life in Canada; the story of the Canadian confederacy, being recollections of Parliament and the press, vol. II. Toronto, 1912. P. 470.
[197] Ibid. P. 69-71.

[198] Norris W. Op. cit. P. 115.
[199] Drummond A.T. Op. cit. P. 407.
[200] Macdonald J.A. Tupper Ch. Grits in office, profession and practice contrasted. Sir John Macdonald's speech at Montreal, Hon. Ch. Tupper's speech at Halifax. Toronto, 1876. P. 24.
[201] Jarvis S.M. Imperial Federation and Canadian Defenses // Rose-Belford's Canadian Monthly and National Review. 1880, May, vol. IV. P. 450.
[202] Grant G. M. Canada's Present Position and Outlook. P. 208.
[203] Macdonald J.A. Tupper Ch. Grits in office, profession and practice contrasted. P. 24.
[204] Jarvis S.M. Op. cit. P. 454.
[205] Ibid. P. 456.
[206] Fisher R. Why Imperial Federation is Impracticable // Rose-Belford's Canadian Monthly and National Review. 1875, Oct., Vol. VIII. P. 335.
[207] Mackenzee G.A. Op. cit. P. 600.
[208] British Connection – Ideal and Real // Rose-Belford's Canadian Monthly and National Review. 1876, Nov., Vol.X. P. 413.
[209] Jarvis S.M. Op. cit. P. 457-458.
[210] Ibidem.
[211] Davin N.F. The Future of Canada // Rose-Belford's Canadian Monthly and National Review. 1881, May, vol. VI. P. 491, 498.
[212] Ibid. P. 498.
[213] Norris W. Canadian Colonialism and Sir Francis Hincks // Rose-Belford's Canadian Monthly and National Review. 1880, Feb., vol. IV. P. 506.
[214] Longley J.W. The Future of Canada // Rose-Belford's Canadian Monthly and National Review. 1882, Feb., vol. VIII. P. 154.
[215] Underhill F. H. Op. cit. P. 91.
[216] Ibid. P. 89-90.
[217] Ibid. P. 93-94.
[218] Ibid. P. 68.
[219] The Bystander, vol. I, Feb., 1880. P. 77-78.
[220] Smith G. Political Destiny of Canada. Toronto, 1878. P. 18-19.
[221] Ibid. P. 20-28.
[222] Smith G. Op. cit. P. 28-34.
[223] The Bystander, vol. II, May, 1881. P. 236.
[224] Ibidem.
[225] The Bystander, vol. I, July, 1880. P. 344.
[226] Underhill F. H. Op. cit. P. 69.
[227] см. Wade M. Op. cit. P. 331-393.
[228] Silver I. Op. cit. P. 46.
[229] Chapleau J.A. Discours prononcé à l'assemblée de Saint-Laurent, comté de Jacques-Cartier, le 6 septembre 1883. Montreal, 1883. P. 25.
[230] Blanchet J. Discours sur L'Autonomie des Provinces. Québec, 1884. P. 41.
[231] Chapleau J.A. Op. cit. P. 21.
[232] Huntington C.R. Op. cit. P. 3-4.
[233] Durocher R., Linteau P.-A., Robert J.-C. Quebec, a history, 1867-1929. Toronto, 1983. P. 279.
Глава 2.

[234] Chapleau J.A. Speech on Canadian Pacific Railway Resolutions, House of Commons, 16th June, 1885 [microform]. Public Archives of Canada Library. P. 3.
[235] Shortt A. Doughty A.G. Canada and its Provinces. A History of the Canadian People and Their Institutions. Vol. 9, Toronto, 1914. P. 155, 192-193.
[236] Blake E. The London Banquet Speech // Blake E. Dominion Election, Campaign of 1887. Speeches on the Political Questions of the Day. Toronto, 1887. P. 4-5.
[237] Francis D. Jones R. Smith D. Destinies. Canadian History since Confederation. Toronto, 1988. P. 67.
[238] Ibid. P. 68.
[239] Подробнее о событиях восстания 1885 г. см. Суанкей Б. Габриэль Дюмон и восстание 1885 г. в Саскачеване. М., 1980.
[240] Mulvany, Ch. The History of the North-West Rebellion of 1885, Comprising a Full and Impartial Account of the Origin and Progress of the War, Toronto, 1886. P. 27-28.
[241] Correspondence of Sir John Macdonald. / Ed. by Joseph Pope. Toronto, 1921. P. 339.
[242] Mulvany, Ch. Op. cit. P. iv.
[243] Alward, S. Speech Delivered at St. Andrews, February 7, A. D., 1887 on the Record of the Tory party. Saint John, 1887. P. 16, 21.
[244] Blake E. Dominion election, Campaign of 1887. Speeches on the Political Questions of the Day. Toronto, 1887. P. 421.
[245] Wade M. The French Canadians, 1760-1945. N.-Y., 1955. P. 414.
[246] Francis D. Jones R. Smith D. Op. cit. P. 77.
[247] Wade M. Op. cit. P. 417-418.
[248] Pelland J.O. Biographie, discours, conferences, etc. de l'Hon. Honoré Mercier. Montréal, 1890. P. 330-332.
[249] Ibid. P. 175-176.
[250] Proceedings of the Inter-Provincial Conference Held at the City of Quebec from the 20th to the 28th October 1887 Inclusively. Quebec, 1887 [microform]. Library of the Public Archives of Canada. P. 3-4.
[251] Ibid. P. 16-26.
[252] Ibid. P. 27-37.
[253] Сили Дж. Р. Расширение Англии // Британская империя. М, 2004. С. 17, 19.
[254] Там же. С. 21.
[255] Ferguson D. Love of Country. Charlottetown, 1885. P. 11, 35-38, 41.
[256] Report [of] the first meetings of the League in Canada, held in Montreal, Saturday, 9th May, 1885. Montreal, 1885. P. 41.
[257] Ibid. P. 34.
[258] The Centennial of the Settlement of Upper Canada by the United Empire Loyalists, 1784-1884. Toronto, 1885. P. 73.
[259] From Sir John Macdonald to the Editor of the United Service Gazette // Correspondence of Sir John Macdonald. P. 422-423.
[260] Imperial Federation League in Canada. Progress of Work, June 1887. P. 2, 8 – 10.
[261] Report [of] the first meetings of the League in Canada. P. 2.
[262] Ibid. P. 2-3.
[263] Ansell, D. A. Imperial federation [microform]. Public Archives of Canada Library. P. 6.

[264] Speeches delivered at the public meeting held under the auspices of the Toronto Branch of the Imperial Federation League in Canada on Saturday, 24th March, 1888. Toronto, 1888. P. 11, 13-14.
[265] Morgan, O. Lecture by O.V. Morgan, M.P., before the Montreal Branch of the Imperial Federation League in Canada, October 24th, 1887 [microform]. Public Archives of Canada Library. P. 13.
[266] Dobell, R. R. Lecture on Imperial Federation. Quebec, 1888. P. 32.
[267] Speeches delivered at the public meeting held under the auspices of the Toronto Branch of the Imperial Federation League in Canada on Saturday, 24th March, 1888. P. 7.
[268] Imperial Federation League in Canada. Progress of Work, June 1887. P. 4 – 5.
[269] Грудзинский В.В. На повороте судьбы: Великая Британия и имперский федерализм (последняя треть XIX – первая четверть XX веков). Челябинск, 1996. С. 57 - 58.
[270] См. Proceedings of the Colonial Conference at London, in 1887 in relation to imperial postal and telegraphic communications throughout Canada [microform]. Public Archives of Canada Library.
[271] Proceedings of the Royal Colonial Institute. Vol. XXV. P. 328, 331.
[272] Imperial Federation League in Canada. Progress of Work, June 1887. P. 5.
[273] Imperial Federation League in Canada. Progress of Work, Jan. 1890. P. 4.
[274] Maycock, W. With Mr. Chamberlain in the United States and Canada, 1887-88. Lnd., 1914. P. 110-111.
[275] Dobell, R. R. Op. cit. P. 23.
[276] Macfarlane T. Within the Empire: an Essay on Imperial Federation. Ottawa, 1891. P. 49, 51-52.
[277] Munto F. Under which Flag? The Great Question for Canada. Providence, Rhode Island. 1893. P. 9.
[278] Mowat, O. The Reform Party and Canada's future. Toronto, 1891. P. 16.
[279] Hopkins, J. Life and work of the Rt. Hon. Sir John Thompson, prime minister of Canada. Toronto, 1895. P. 401-402.
[280] Blue, A. Resources and progress of the Province of Ontario. Toronto, 1888. P. 25.
[281] Young J. Our National Future. Toronto, 1888. P. 4.
[282] Pioneer and Historical Association of the Province of Ontario, Canada. Toronto, 1888. P. 19.
[283] Penlington N. Canada and Imperialism, 1896-1899. Toronto. 1971. P. 25.
[284] Macdonald, J. Address to the people of Canada. 1891 [microform]. Public Archives of Canada Library. P. 2.
[285] Farrer H. Retaliation and commercial federation: Lord Salisbury and Sir Charles Tupper. Lnd., 1892. P. 3, 21-23.
[286] Mowat, O. Op. cit. P. 15-16.
[287] Toronto branch of the Imperial Federation League in Canada, Toronto, 1891. P. 29-48.
[288] Parkin G. Imperial Federation. Lnd., 1892. P. 31.
[289] Ibidem.
[290] Ibid. P. 57.
[291] Ibid. P. 116-117.
[292] Ibid. P. 51.
[293] Ibid. P. 290-294.

[294] McNeill A. British Trade and Imperial Reciprocity // The Canadian Magazine of Art, Science and Literature, 1893, Vol. I, №1. P. 124 – 125.
[295] Fraser A.B. The Flags of Canada. http://www.fraser.cc/FlagsCan/Nation/Ensigns.html
[296] Proceedings of the Colonial Conference, held in Ottawa, Canada, from 28th June to 9th July, 1894. Ottawa, 1894. P. 331-332.
[297] Ibid. Sessional Papers (No. 5b.). P. viii.
[298] Ibid. P. 172.
[299] Ibid. Sessional Papers (No. 5b.) . P. xii, xv.
[300] The Cambridge History of the British Empire, vol. III. Cambridge, 1959. P. 246.
[301] Parkin G. Op. cit. P. 71.
[302] Proceedings of the Royal Colonial Institute, vol. XXV. P. 341.
[303] Tupper Ch. The Navy Question and the Colonies // The Canadian Magazine of Art, Science and Literature, 1896, vol. VI, №4. P. 308-309.
[304] Ewart J.S. The Kingdom of Canada. Toronto. 1908. P. 164-165.
[305] The British Empire League in Canada: its origin, constitution and by-laws including report of special general meeting held at Ottawa, March 4th, 1896. Toronto, 1896. P. 7.
[306] Ibid. P. 17.
[307] Ibid. P. 9-11.
[308] Ibid. P. 14-16.
[309] The British Empire League in Canada: its officers, committees and constitution, including report of annual meeting held at Ottawa, April 28th, 1897. Toronto, 1897. P. 20-23.
[310] Подробнее см. Киселёва О.А. Внешнеполитическая мысль США и планы аннексии Канады в 1865-1871 гг. – Из истории общественной мысли и политических движений в новое и новейшее время. Куйбышев, 1988. С. 45-59.
[311] Милейковский А. Г. Канада и англо-американские противоречия. М., 1958. С. 94.
[312] Кукушкин В.Е. “Империализм” и “континентализм” в судьбах Канады (конец XIX - начало XX вв..) – Британская история XIX – XX в.в.: люди, события, идеи. Челябинск, 1997. С. 83.
[313] Continental Union. A Short Study of its Economic Side. Toronto, 1893. P. 30.
[314] Warner D. F. The Idea of Continental Union. 1960. P. 17-19.
[315] Ibid. P. 30-31.
[316] Continental Union. A Short Study of its Economic Side. P. 32, 44.
[317] Lindsey Ch. A North American Zollverein // Rose-Belford’s Canadian Monthly and National Review 1872, Feb., vol. I. P. 133.
[318] Ibid. P. 134 – 135.
[319] Charlton J. Imperialism vs. Annexation // The Canadian Magazine of Politics, Science, Art and Literature. 1901, Vol. XVI, № 3. P. 219.
[320] Davin N.F. The Future of Canada // Rose-Belford’s Canadian Monthly and National Review 1881, May, Vol. VI. P. 493.
[321] Ibidem.
[322] Ibidem.
[323] Кукушкин В.Е. Ук. соч. С. 83 .
[324] Commercial Union between the United States and Canada. Toronto. 1887. P.31.
[325] Ibid. P.32.
[326] Manitoba Free Press. Aug. 17, 1887.

[327] Manitoba Free Press. July 5, 1887.
[328] Blake E. Dominion election, campaign of 1887 Speeches on the political questions of the day. P.5.
[329] Manitoba Free Press. Jan. 18, 1890.
[330] Ibidem.
[331] The Handbook of Commercial Union. P. 199.
[332] The Handbook of Commercial Union. Toronto, 1888. P. 199.
[333] Ibid.. P. 201.
[334] Pelland J.O. Op. cit. P. 602.
[335] Mercier H. Les principes de l'Hon. M. Mercier, 1890 [microforme]. Public Archives of Canada Library. P. 53.
[336] Ibidem.
[337] Chapleau J.A. Discours programme de l'Hon. M. Chapleau au comité central du Parti conservateur à Montréal, 10 février 1891. Montréal. 1891. P. 11.
[338] Warner D. F. Op. cit. P. 207-209.
[339] Ibidem.
[340] Young J. Op. cit. P. 2.
[341] Lefroy A. H. F. The British versus the American system of national government. Toronto. 1891. P. 5-6.
[342] Morgan, O. Op. cit. P. 14-15.
[343] Dr. Beer's speech at Syracuse, New York // Reprint of Mr. Geo. Parkin's article in Century. Dr. Beer's speech at Syracuse, New York. Mr. Cattanach's letter to the Globe. The Empire's interview with Mr. Hopkins. Toronto. 1889. P. 14.
[344] Speeches delivered at the public meeting held under the auspices of the Toronto Branch of the Imperial Federation League in Canada on Saturday, 24th March, 1888. P. 5-6.
[345] Hague J. Canada for Canadians: a royalist Roland for the annexationist Oliver. Toronto, 1889. P. 3.
[346] The Handbook of Commercial Union. P. 239.
[347] Ibid. P. 287.
[348] Wiman E. Does annexation follow: commercial union and British connection. Toronto, 1887 [microform] . Public Archives of Canada Library. P. 1-2.
[349] Wiman E. Commercial union between the United States and Canada: some letters, papers and speeches. Toronto. 1887. P. 12-13.
[350] Smith Goldwin. Canada and Canadian Question, Toronto, 1891. P. 265-266.
[351] Ibid. P. 259 – 260, 263-264.
[352] Ibid. P. 267-268.
[353] Ibid. P. 284, 288.
[354] Ibid. P. 268.
[355] Ibid. P. 275.
[356] Ibid. P. 279 – 280.
[357] The Handbook of Commercial Union. P. 296.
[358] Manitoba Free Press. Feb. 4, 1891.
[359] Grant, G. Canada and the Canadian question, a review. Toronto. 1890. P. 3-4.
[360] Ibid. P. 14, 22.
[361] Manitoba Free Press. Feb. 10, 1891.
[362] Manitoba Free Press. Feb. 20, March 3, 1891.
[363] Manitoba Free Press. Feb. 20, 1891.
[364] Skelton O.D. Life and Letters of Sir Wilfrid Laurier. Vol.1. Toronto. 1921. P. 415.

[365] Commercial Union between the United States and Canada. P. 12.
[366] Manitoba Free Press. March 10, 1891.
[367] Warner D. F. Op. cit. P. 235.
[368] Wiman E. Canada and Great Britain [microform]. Public Archives of Canada Library. P. 10.
[369] Ibidem.
[370] Wiman E. Closest trade relations between the United States and Canada. Toronto. 1892. P. 15.
[371] Ibid. P. 18.
[372] Canada's Future! Political Union with the U.S. Desirable. // Continental Union Club. Toronto, 1891. P.2.
[373] Our Best Policy. Toronto, 1895. P. 4, 8.
[374] Ibid. P. 15, 17, 20.
[375] Continental Union. A Short Study of its Economic Side. P. 38 - 40.
[376] Ibid. P. 41.
[377] Smith Goldwin. Op. cit. P. 259.
[378] Continental Union. A Short Study of its Economic Side. P. 5.
[379] Кукушкин В.Е Указ. соч. С. 86.
[380] Amyot G. La protection au Canada [microform]. Public Archives of Canada Library. P. 32.
[381] Ермакович Л.М. Политическая борьба в Венесуэле в конце XIX – начале XX вв. М, 1989. С. 43.
[382] Blackstock G.T. Canada and the Venezuelan Settlement // The Canadian Magazine of Politics, Science, Art and Literature. 1896, Vol. VIII, № 2. P. 175.
[383] Grey, H. The commercial policy of the British colonies and the McKinley tariff [microform]. Public Archives of Canada Library. P. 38.
[384] Мижуев П.Г. Крестьянское царство. Очерки истории и современного состояния Канады. СПб. 1906. С. 111.
[385] Penlington N. Canada and Imperialism, 1896-1899. Toronto. 1971. P. 42.
Глава 3.
[386] Manitoba act, 1870
http://www.solon.org/Constitutions/Canada/English/ma_1870.html
[387] Fay T.J. A history of Canadian Catholics: Gallicanism, Romanism, and Canadianism. Montreal. 2002. P. 131.
[388] Bothwell R. Canada and Québec: one country, two histories. Vancouver, 1998. P. 49.
[389] Silver I. The French-Canadian Idea of Confederation. Toronto, 1997. P.188-189.
[390] Fay T.J. Op. cit. P. 133
[391] Dafoe J. W. Laurier: A Study in Canadian Politics. Toronto. 1922. P. 48.
[392] French Canadian Life and Character / Ed. by Grant J.M. Chicago. 1899. P. 86.
[393] Berger C. The True North Strong and Free // Nationalism in Canada / Ed. by P. Russel. Toronto. 1966. P. 5.
[394] Ibid. P. 6, 9.
[395] Ibid. P. 17-18.
[396] Bourinot J.G. Our intellectual strength and weakness; a short historical and critical review of literature, art and education in Canada. Montreal. 1898. P. 59.
[397] В этом отношении показательны работы участников Лиги искусств Торонто, публиковавшиеся ими в иллюстрированных календарях. См. например: Ninety-six: a calendar for the year 1896 with sketches of some Canadian water-ways and

appropriate selections from Canadian writers. Toronto. 1896; Ninety-eight: a calendar for the year 1898; with some drawings suggestive of the everyday life of the past in Canada. 1898; Ninety nine: a calendar for the year 1899, with drawings illustrative of country life in Canada. Toronto. 1899.

[398] Среди них: Osborn E.B. Greater Canada the past, present and future of the Canadian North-west. Lnd. 1900; Lizars N. In the days of the Canada Company : the story of the settlement of the Huron tract and a view of the social life of the period, 1825-1850. Toronto. 1896; Ross G. The school system of Ontario (Canada) its history and distinctive features. N.-Y. 1896; Shortt A. The early history of Canadian banking: Canadian currency and exchange under French rule. Toronto. 1898; Fenety G.E. Life and times of the Hon. Joseph Howe. St. John. 1896; Pope J. Memoirs of the Right Honourable Sir John Alexander Macdonald, first Prime Minister of the Dominion of Canada. Vol. 1-2. Ottawa. 1894; Hopkins, J. Life and work of the Rt. Hon. Sir John Thompson, prime minister of Canada. Toronto. 1895;

[399] Hopkins J.C. Canada, an encyclopaedia of the country. Vol. 1-5. Toronto. 1898-1899.

[400] Грудзинский В.В. На повороте судьбы: Великая Британия и имперский федерализм (последняя треть XIX – первая четверть XX веков). Челябинск, 1996. С. 82.

[401] Penlington N. Canada and Imperialism, 1896-1899. Toronto. 1971. P. 63.

[402] Милейковский А.Г. Канада и англо-американские противоречия. М., 1958. С. 235-236.

[403] Грудзинский В.В. Указ. соч. С. 89.

[404] Ross G. Address delivered before the Toronto Branch British Empire League. 1897 [microform]. Public Archives of Canada Library. P. 3, 9.

[405] Denison G.T. The British Empire League in Canada. Toronto. 1899. P. 9, 12.

[406] The British Empire League in Canada: its officers, committees and constitution, including report of annual meeting held at Ottawa, April 28th, 1897. Toronto. 1897. P. 16.

[407] Грудзинский В.В. Указ. соч. С. 89.

[408] Кукушкин В.Е. Канада и англо-бурская война // Из Британской истории нового и новейшего времени, Челябинск, 1992. С. 39.

[409] Histoire générale du Canada / sous la direction de C. Brown. Québec, 2005. P. 447.

[410] Page R. Imperialism and Canada, 1895-1903. Toronto. 1972. P. 63.

[411] Canadians in khaki. South Africa, 1899-1900. Toronto. 1900. P. 7-8, 13-17.

[412] Biggar E.B. The Boer war: its causes and its interest to Canadians. Toronto. 1899. P. 5-9.

[413] Ibid. P. 23.

[414] Ibidem.

[415] Кукушкин В.Е. Канада и англо-бурская война. С. 40.

[416] Ferguson N. Empire. How Britain Made the Modern World. Lnd., 2007. P. 274.

[417] Wade M. The French Canadians, 1760-1945. N.-Y., 1955. P. 79-80.

[418] Histoire générale du Canada. P. 485.

[419] Skelton O. D. Life and letters of Sir Wilfrid Laurier. Vol. 2. Toronto. 1921. P. 117-118.

[420] Canada. Parliament. House of Commons. Debates of the House of Commons of the Dominion of Canada. 8th Parliament, 5th Session. Ottawa: S.E. Dawson, 1900. P. 1847-1848.

[421] подсчитано по: The Oxford History of the British Empire. Oxford – New-York, 1999. Vol. III. P.343.
[422] Shortt A. Some Aspects of Imperial Problem // The Canadian Magazine of Art, Science and Literature, 1902, Vol. XVIII, №4. P. 323.
[423] Lewis J. The Future of Imperialism // The Canadian Magazine of Art, Science and Literature, 1900, Vol. XV, №3. P. 252-253.
[424] История возникновения спора: Davidson G. The Alaska boundary. San Francisco. 1903; Alaska Boundary. Memorandum for Counsel, No. I-II. Lnd. 1903
[425] см. приложение.
[426] Judd D. Empire. The British Imperial Experience from 1765 to the Present. Lnd., 1996. P. 145.
[427] Shortt A. Doughty A.G. Canada and its Provinces. Vol. VI. Toronto. 1914. P. 146.
[428] Proceedings of the Royal Colonial Institute. Vol. XXXVIII. P. 292,296.
[429] The National monthly of Canada. Vol. 3. July – December 1902. P. 306.
[430] Грудзинский В.В. Указ. соч. С. 136-137.
[431] McIntyre C. H. United States Ideas of Reciprocity // The Canadian Magazine of Politics, Science, Art and Literature. 1904, Vol. XXIII, № 5. P. 419.
[432] Smith G. Can Canada Make Her Own Treaties? // The Canadian Magazine of Politics, Science, Art and Literature. 1904, Vol. XXII, № 4. P. 331 – 335.
[433] Fuller V. Canada and United States: a Comparison // The Canadian Magazine of Politics, Science, Art and Literature. 1905, Vol. XXVI, № 1. P. 29 – 31.
[434] Lighthall W.D. Imperial Organization // The Canadian Magazine of Art, Science and Literature, 1905-1906, Vol. XXVI, №2. P. 113-114.
[435] Ibid.
[436] Acland F.A. The Imperial Conference // The Canadian Magazine of Art, Science and Literature, 1907, Vol. XXIX, №1. P. 54.
[437] Dawson R. The Development of Dominion Status, 1900 – 1936. Lnd., 1965. P. 135
[438] Грудзинский В.В. Указ. соч. С. 145-143.
[439] Mackay I.A. Canadian Nationality // The Canadian Magazine of Art, Science and Literature, 1907, Vol. XXVIII, №5. P. 432-434.
[440] The Citizen. 1905. 4 May.
[441] Ewart to the Editor of the Chronicle. April 13, 1908 // Provincial Archives of Manitoba. Ewart Papers. P. 1023.
[442] Ewart to the Editor of the Halifax Herald. May 6. 1908. // Ewart Papers. P. 1027.
[443] Ewart to the Editor of the Montreal Herald. March 28. 1911. // Ibid. P. 1070.
[444] Ibid. P. 1071.
[445] Cook R. The political ideas of John W. Dafoe, 1866-1944. Vol. 1. Thesis, Ph.D. Toronto. 1960. P. 102, 104.
[446] Ewart J.S. Lord Milner's Imperialism // The Canadian Magazine of Art, Science and Literature, 1908-1909, Vol. XXXII, №6. P. 527-528.
[447] Cook R. Op. cit. P. 101-117.
[448] Ewart J.S. Canadian Independence // The Canadian Magazine of Art, Science and Literature, 1911, Vol. XXXVII, №4. P. 32-34.
[449] Ewart J.S. The Kingdom of Canada. Toronto. 1908. P. 3-4.
[450] Ibid. P. 367-370.
[451] Грудзинский В.В. Указ. соч. С. 154., 192.
[452] Там же. С. 168.
[453] Journals of the House of Commons Dominion of Canada. Session 1909. Vol. 44. Ottawa. 1909. P. 211.

[454] Skelton O. D. Op. cit. P. 325.
[455] Peterson W. Naval Question in its Relation to the Empire // Empire Club of Canada. Addresses. 1909-1910. P. 128-131.
[456] Le Devoir. 1910. 10 fevrier.
[457] Le Devoir. 1910. 17 janvier.
[458] Oliphant W.H. Shall Canada have a navy of her own. Lnd. 1909. P. 5.
[459] Le Devoir. 1910. 11 fevrier.
[460] Journals of the House of Commons Dominion of Canada. Session 1909-1910. Vol. 45. Ottawa. 1910. P. 150-151, 220-221, 299.
[461] Ibid. P. 300-301.
[462] Милейковский А.Г. Ук. соч. С. 238.
[463] Porritt E. Sixty Years of Protection in Canada. 1846-1912. Winnipeg. 1913. P. 450 - 452.
[464] Skelton O. D. Op. cit. P. 372.
[465] Histoire générale du Canada. P. 487.
[466] Harpell J.J. Canadian National Economy. The Cause of High Prices and their Affect upon the Coutry. Toronto. 1911. P. 9-12.
[467] Кукушкин В.Е. “Империализм” и “континентализм” в судьбах Канады (конец XIX - начало XX в.в.). // Британская история XIX – XX в.в.: люди, события, идеи. Челябинск, 1997. С. 97.
[468] Long W. Imperial Trade and Imperial Defense // Empire Club of Canada. Addresses. 1912-1914. P. 27-28.
[469] Journals of the House of Commons Dominion of Canada. Session 1912-1913. Vol. 48. Ottawa. 1913. P. 54-107.
[470] Wade M. Op. cit. P. 633.
[471] Wade M. Op. cit. P. 628-632.
[472] Tardivel J.-P. Mélanges ou Recueil d'études religieuses, sociales, politiques et littéraires. T.1. Québec. 1887. P. 172-173.
[473] Конституции буржуазных стран, Т.4, Британская империя, доминионы, Индия, Филиппины. М., 1936. С. 141.
[474] Там же. С. 158, 165.
[475] Denison G. T. Robert Grant Haliburton // The Canadian Magazine of Art, Science and Literature, 1901, Vol. XVII, №2. P. 127-128.
[476] Trofimenkoff S. M. The Dream of Nation. A social and Intellectual History of Quebec. Toronto. 1982. P. 186.
[477] Bourinot J.G. Our intellectual strength and weakness. P. 19-24.
[478] Charlton J. Imperialism vs. Annexation // The Canadian Magazine of Politics, Science, Art and Literature. 1901, Vol. XVI, № 3. P. 215.
[479] Parkin G. Imperial Federation. Lnd., 1892. P. 161.
[480] Коленеко В.А. Французская Канада в прошлом и настоящем, М., 2006. С. 68-71.
[481] Канада, государство // Энциклопедический словарь Брокгауза и Ефрона (электронная версия). Мультимедиа-издательство "Адепт" 2002.
[482] Bourassa G. M. Op. cit. P. 7.
[483] Elections fédérales de 1896. Quelques faits soumis aux électeurs du Canada. Ottawa. 1896. P. 50, 86, 93-112.
[484] Bourassa G. M. Chauveau et l'idée nationale. Montreal. 1895. P. 7.
[485] De Celles A. D. A la conquête de la liberté en France et au Canada. Lévis. 1898. P. 5-7.

[486] Wade M. Op. cit. P. 479.
[487] Blair A.G. The Canadian contingent. Toronto, 1899 [microform]. Public Archives of Canada Library. P. 3-6.
[488] Miller C. Painting the map red: Canada and the South African War, 1899-1902. Montreal-Kingston. 1998.
P. 28-29.
[489] Ibid. P. 28.
[490] Кукушкин В.Е. Канада и англо-бурская война. С. 40-41.
[491] Miller C. Op. cit. P. 29.
[492] Bourassa H. Grande-Bretagne et Canada. Montréal. 1901. P. 3.
[493] Кукушкин В.Е. Указ. соч. С. 47.
[494] Denison G. T. Robert Grant Haliburton // The Canadian Magazine of Art, Science and Literature, 1901, Vol. XVII, №2. P. 129.
[495] Boyd J. The Nationalist Movement // The Canadian Magazine of Art, Science and Literature, 1911, Vol. XXXVI, №3. P. 263.
[496] Bourassa H. Op. cit. P. 4.
[497] Bourassa H. to Smith G. n.d. // Bourassa Papers. Library and Archive of Canada, R8069-0-5 (Henri Bourassa fonds). P. 218.
[498] Bourassa H. Les patriotisms canadien-français; ce qu'il est, ce qu'il doit Etre. Montréal. 1902. P. 5.
[499] Ibid. P. 9-10.
[500] Bourassa H. Grande-Bretagne et Canada. P. 40.
[501] Le Nationaliste. 1907. 17 Fevrier.
[502] Boyd J. Op. cit. P. 265.
[503] Asselin O. A Quebec View of Canadian Nationalism, Montreal, 1909. P.4.
[504] Le Nationaliste. 1904. 17 avril.
[505] Le Nationaliste. 1904. 12 juin.
[506] Proceedings of the Royal Colonial Institute, Vol. 38, 1907. P. 293.
[507] Dawson R. The Development of Dominion Status, 1900 – 1936. Lnd, 1965. P. 139.
[508] Ibid. P. 136.
[509] Le Nationaliste. 1902. 6 mars.
[510] Asselin O. La défense navale de l'empire britannique. Montréal. 1909. P.27.
[511] Ibid. P. 44 - 45.
[512] Le Devoir. 1910. 28 juillet.
[513] Le Devoir. 1913. 31 juillet.
[514] Le Nationaliste. 1907. 17 Fevrier.
[515] Ibidem.
[516] Le Devoir. 1910. 2 aout.
[517] F.D. Monk au H. Bourassa. Juillet 17. 1911. // Bourassa Papiers. Vol.1. P.410.
[518] Boyd J. Op. cit. P. .267.
[519] Le Devoir. 1913. 30 mai.
[520] H. Bourassa to J.S. Ewart. May 27. 1913. // Ewart Papers. P. 959.
[521] Le Devoir. 1910. 26 juillet.
[522] Cook R. French-Canadian Nationalism. P. 149-150.
[523] Boyd J. Op. cit. P. 268.
[524] Tardivel, Jules-Paul // Dictionnaire biographique du Canada en ligne http://www.biographi.ca/009004-119.01-e.php?&id_nbr=7096
[525] Ibidem.
[526] Tardivel J.-P. Vie du pape Pie IX; ses oeuvres et ses douleurs. Québec, 1878. P. 8.

[527] Tardivel J.-P. L'Anglicisme, voilà l'ennemi causerie faite au Cercle catholique de Québec, le 17 décembre 1879 par J.P. Tardivel, rédacteur du Canadien, imprimerie du Canadien, 1880 [microforme] Public Archives of Canada Library. P. 14-19.
[528] Tardivel, Jules-Paul // Dictionnaire biographique du Canada en ligne
[529] Tardivel J.-P. Avant-Propos // Tardivel J.-P. Pour la patrie: roman du XXe siècle. Montréal . 1895. P. 9-11.
[530] Cook R. French-Canadian Nationalism. Toronto. 1969. P. 150.
[531] Ibid. P. 151.
[532] Tardivel J.-P. Avant-Propos // Tardivel J.-P. Pour la patrie: roman du XXe siècle. P. 7.
[533] Tardivel J.-P. Pour la patrie: roman du XXe siècle. P. 163.
[534] Ibid. P. 417.
[535] Tardivel J.-P. La langue française au Canada. Montreal. 1901. P. I-XVII.
[536] J.P. Tardivel au H. Bourassa. Mars 23. 1900. // Bourassa Papiers. Provincial Archives of Manitoba (Microfilm). P. 25.
[537] J.P. Tardivel au H. Bourassa. Avril 20. 1904. // Ibid. P. 180.
[538] Cook R. Op. cit. P. 147.
[539] Ibid. P. 147-148.
[540] La Nouvelle-France; revue des intérêts religieux et nationaux du Canada français. Vol. 4. 1905. P. 531-533.
[541] The Canada Year Book. Vol. 1914. Ottawa, 1915. P. 60, 63.
[542] Ibid. P. 61.